10대, 브랜드를 탐독하다

십대 브랜드를 탐독하다

발행일	2025년 12월 5일
지은이	김가연, 김나림, 박보담, 박서영, 백서이, 손지우, 유지혜, 윤영채, 이서현, 이은서, 이효인, 임민아, 최서윤, 최연서
펴낸이	손형국
펴낸곳	(주)북랩
출판등록	2004. 12. 1(제2012-000051호)
주소	서울특별시 금천구 가산디지털 1로 168, 우림라이온스밸리 B동 B111호, B113~115호
홈페이지	www.book.co.kr
전화번호	(02)2026-5777 팩스 (02)3159-9637
ISBN	979-11-7224-969-4 03320 (종이책) 979-11-7224-970-0 05320 (전자책)

잘못된 책은 구입한 곳에서 교환해드립니다.
이 책은 저작권법에 따라 보호받는 저작물이므로 무단 전재와 복제를 금합니다.
본 도서는 (주)북랩이 보유한 리코 인쇄 장비 등 자체 생산 인프라를 통해 제작되었습니다.

작가 연락처 문의 ▶ ask.book.co.kr

전용 게시판에 문의를 남기시면 저자에게 직접 전달됩니다.

(주)북랩 성공출판의 파트너

북랩 홈페이지와 SNS에서 다양한 출판 솔루션을 만나 보세요!

홈페이지 book.co.kr   •   **블로그** blog.naver.com/essaybook   •   **출판문의** text@book.co.kr
카톡채널 북랩

교과서 밖에서 만난 16개의 브랜드 이야기

10대, 브랜드를 탐독하다

김가연 김나림 박보담 박서영 백서이 손지우 유지혜
윤영채 이서현 이은서 이효인 임민아 최서윤 최연서 지음

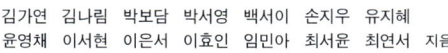

프롤로그

10대, 브랜드를 탐독하다

"야, 나 어제 스타벅스 갔다가 또 텀블러 살 뻔했어. 왜 자꾸 사고 싶지?"
"맞아, 나도. 매장 분위기 때문인지 괜히 갖고 싶어져."

"애플 쓰면 그냥 간지 나잖아. 있어 보이고."
"맞아. 예쁘고 세련돼 보이고, 감성 터지는 느낌?"

어느 날 도서관에서 학생들이 나눈 대화입니다. 사소한 이야기 같았지만, 그 순간 문득 생각이 스쳤습니다. '그래, 브랜드를 주제로 프로젝트를 하면 어떨까?'

성암국제무역고등학교는 국제무역분야 특성화고입니다. 많은 학생들이 경영, 무역, 마케팅, 광고 등에 관심을 보이지만, 그 흥미를 한곳에 모으기는 늘 쉽지 않습니다. 그런데 우연히 들은 대화 속에는 이미 '브랜드'가 학생들의 일상 깊숙이 자리 잡고 있음을 보여 주고 있었죠.

더구나 학생들은 정규 교과를 통해 마케팅과 광고, 상업경제, 회계원리, 기업자원통합관리 등을 배우며 브랜드의 의미를 접해 왔습니다. 덕분에 '우리가 무심코 소비하는 브랜드는 사실 치밀한 전략과 철학의 산물'이라는 사실을 어렵지 않게 이해할 수 있었습니다.

실제로 프로젝트 참여 의사를 묻자, 22명의 학생이 주저 없이 손을 들었습니다. 그들은 이미 알고 있었습니다. 브랜드는 단순한 상표가 아니라 사람들의 삶과 취향을 바꾸는 강력한 이야기라는 사실을요. 그렇게 시작된 것이 바로 '10대, 브랜드를 탐독하다' 프로젝트였습니다.

학생들은 관심 있는 브랜드 관련 도서를 찾아 읽고, 탐구하며, 그 브랜드가 어떻게 태어나고 성장했는지 분석했습니다. 판매 전략을 넘어 창업자의 철학, 기업 문화, 소비자의 반응까지 넓게 살피며 "좋은 브랜드란 무엇인가?"라는 본질적인 질문을 던졌습니다.

처음에는 머뭇거림도 있었습니다.
"선생님, 그냥 유명해서 성공한 거 아니에요?"
의심 반, 호기심 반이던 눈빛은 곧 달라졌습니다.
탐구할 브랜드를 직접 정하고 자료를 모으기 시작하자, 그들의 표정에는 점점 확신이 깃들었습니다.
학생들의 글쓰기를 돕기 위해 '학생 책 쓰기 프로젝트' 홈페이지(https://sites.google.com/seongam.net/lib)를 개설해 샘플 글과 활동 양식을 공유했습니다.

통일된 형식이 마련되자 글쓰기는 한결 수월해졌고, 학생들은 자신의 생각을 구체적인 이야기로 풀어낼 용기를 얻었습니다.

브랜드 선정 과정에서는 학생들의 관심과 취향을 최대한 반영했습니다. 브랜드를 넣고 빼는 과정을 거친 끝에 교보문고, 배달의민족, 루이비통, 넷플릭스, 애플, 스타벅스, 아마존, 나이키, 디즈니, 다이소 등 우리에게 익숙한 16개의 브랜드가 최종 탐구 대상으로 선정되었습니다.

교보문고를 탐독하며 "책을 파는 서점이 아니라 독자를 키우는 브랜드"라는 새로운 정의를 내렸고, 배달의민족을 통해 '배민다움'이라는 남다름이 곧 경쟁력임을 깨달았습니다. 넷플릭스를 분석하며 도전의 가치를, 스타벅스를 탐독하면서는 커피 한 잔을 넘어서는 '경험의 힘'을 발견했습니다.

이 과정은 단순한 독서나 보고서 작성이 아니었습니다.
첫째, 브랜드의 역사와 현재를 탐구하며 창업자의 철학과 사회적 영향까지 살폈습니다.
둘째, 책을 읽고 서평을 작성하되, 요약을 넘어 책이 던지는 질문을 자기 삶과 연결했습니다.
셋째, 브랜드 탐구 보고서를 완성하며 경영, 디자인, 글로벌 전략 등 다양한 관점에서 분석하고 창의적 제안까지 덧붙였습니다.

그렇게 학생들은 브랜드 속에서 '사람'을 발견했습니다. 고민과 선택,

실패와 도전, 그리고 그 속에서 피어난 철학을 읽어 내며 브랜드가 곧 삶의 이야기자 문화적 텍스트임을 깨달은 것입니다.

4월 모집으로 시작된 여정은 오리엔테이션, 독서, 탐구, 글쓰기 과정을 거쳐 8월에 원고 제출로 이어졌습니다. 22명 중 14명이 최종 원고를 완성했습니다. 숫자만 보면 절반의 낙오 같지만, 사실 그 14편은 여름의 땀방울이 응축된 결정체였습니다. 시행착오와 흔들림 속에서도 각자의 목소리를 찾아낸 기록이었기 때문입니다.

돌아보면 불안도 있었습니다.
혹시 용두사미로 끝나지 않을까, 아이들의 열정이 식어 버리진 않을까.
그러나 마침내 완성된 원고를 마주한 순간, 확신이 들었습니다.
"이들의 노력을 한 권의 책으로 엮는 것, 그것이 교사에게 주어진 책무다."

책쓰기는 단순한 글쓰기 훈련이 아닙니다.
브랜드를 탐구하며 쓰는 과정은 곧 '나 자신'이라는 브랜드를 발견하는 여정이 됩니다.
나는 무엇을 좋아하는가?
어떤 가치를 지키며 살아가고 싶은가?
나만의 스토리를 어떻게 만들어 갈 것인가?

이 질문에 답하는 순간, 학생들은 이미 하나의 브랜드가 되어 있습니다. 세계적인 브랜드를 배우는 일은 곧 나를 배우는 일이고, 그것을 책으로 엮어 세상에 내놓는 순간 학생들은 더 이상 수동적인 소비자가 아닙니다. 능동적인 창작자이자, 자기 삶의 브랜드 매니저가 되는 것입니다.

이 책을 마주하는 독자들이 브랜드를 단순한 소비 대상이 아니라, 시대를 반영하고 문화를 만들어 가는 이야기로 바라보는 계기를 얻기를 바랍니다. 나아가 '내가 만들고 싶은 브랜드는 무엇일까?'라는 물음을 스스로에게 던져 보는 기회가 되기를 바랍니다.

미래의 창업가, 마케터, 기획자, 그리고 소비자로서 새로운 시각을 얻기를 기대하며. 이제, 학생들이 직접 탐구한 브랜드의 세계로 함께 떠나 보시죠.

지도교사 **나현정**

CONTENT

프롤로그 — 10대, 브랜드를 탐독하다　　5

01　교보문고　　13
책으로 길을 낸 사람, 신용호의 꿈

02　배달의민족　　31
배달은 문화다, 디자인이다, 철학이다

03　루이 비통　　47
이름값 하는 브랜드란 무엇인가

04　넷플릭스　　63
세상을 스트리밍하다

05　애플　　81
세상을 디자인한 혁신의 아이콘

06　스타벅스　　97
커피 한 잔에 담긴 성공 신화

07　아마존　　115
세상을 바꾼 플랫폼, 아마존의 성장 전략

08　맥도날드　　133
맥도날드 창업자 레이 크록 이야기

09	**드러그스토어 데엠** 사람과 삶을 잇는 길을 연 사람, 괴츠 베르너	153
10	**페이스북** 돈이 아닌 가치로 증명한 젊은 억만장자의 신념	171
11	**스페이스X** 창의적인 생각으로 미래를 연 사람, 일론 머스크의 꿈	185
12	**코카콜라** 먹어 보지 않은 사람은 있겠지만, 모르는 사람은 없다	203
13	**레고** 작은 블록 하나의 놀라운 영향력	221
14	**나이키** 괴짜 사장 필 나이트의 성공 분투기	237
15	**디즈니** 애니메이션의 시작, 새로운 길을 만든 디즈니의 성장 전략	251
16	**다이소** 기본에 충실하고 본질에 집중한다, 박정부의 본질 경영	267

에필로그 — 브랜드를 읽는다는 것, 세상을 읽는다는 것   283

01

교보문고

책으로 길을 낸 사람, 신용호의 꿈

"길이 없으면 길을 만들며 간다."

교보생명과 교보문고를 창립한 대산大山 신용호 회장의 삶을 관통하는 이 한 문장은 단순한 격언이 아니라, 그의 삶 그 자체였다. 어려움 속에서도 배우기를 멈추지 않았고, 책으로 세상을 이해하며, 더 나아가 책을 통해 세상을 바꾸고자 했던 그의 여정은 한국 독서 문화의 지형을 바꾼 위대한 도전이었다.

1. 책이 길이 되다: 병마 속에서도 꺾이지 않은 독서 열망

신용호 회장은 어릴 적 폐병을 앓아 정규 학교 교육을 거의 받지 못했다. 그러나 그는 좌절하지 않았다. 글을 배우고 싶다는 열망은 병보다 강했고, 직접 책을 사서 읽으며 독학으로 세상을 배웠다. 어린 시절 그의 하루는 책과 함께 시작되고 책과 함께 마무리되었다. 독서가 단지 취미를 넘어, 생존을 위한 무기자 미래를 바꾸는 유일한 길이었던 셈이다.

그는 젊은 시절 중국으로 건너가 사업가로 성장했지만, 독립운동가들과의 교류를 통해 민족을 위한 경제력의 중요성을 깨달았다. 이후 귀국해 보험업에 뛰어든 그는, 교육을 통해 나라의 미래를 준비해야 한다는 철학 아래 '교육보험'이라는 새로운 제도를 만들어 냈다. '담배 한 갑 살 돈으로 자녀의 교육을 보장하자'는 그의 메시지는 많은 부모들의 마음을 움직였다.

2. 교보문고, '책으로 나라를 살리겠다'는 꿈의 시작

교육보험이 자리를 잡자, 신 회장은 더욱 큰 비전을 품었다.
"교육을 보장하는 것도 중요하지만, 교육의 질을 높이기 위해선 무엇보다 '책'이 필요하다."

그는 책이 없는 나라에선 교육이 자랄 수 없다고 믿었다. 그래서 결심했다. 서점을 짓자. 단지 책을 파는 공간이 아닌, 국민이 자유롭게 책을 읽고, 사고하고, 토론하는 '문화의 중심지'를 만들자.
그렇게 1980년대 초, 광화문 한복판에 22층짜리 종합 문화 센터를 짓겠다는 야심찬 계획이 발표됐다. 당시로서는 상상하기 어려운 규모였고, 많은 이들이 "서점이 뭐길래." 하며 고개를 갸웃거렸다.

결국 현실적인 이유로 건물은 17층으로 축소되었지만, 지하 1층에 들어선 '교보문고'는 세상의 예상을 훌쩍 뛰어넘는 성장을 시작했다. 개관 당시부터 사람들로 북적였고, 이내 대한민국에서 가장 큰, 가장 사랑받는 서점으로 자리 잡았다.

3. 교보문고는 단지 '서점'이 아니다

교보문고의 성공, 그 중심에는 창립자 신용호의 '책 중심 철학', 시대를 앞서간 공간 전략, 그리고 온·오프라인을 아우르는 문화적 확장이 있었다. 교보문고는 책을 매개로 사람과 지식, 문화가 교류하는 복합 문화 플랫폼으로 성장해 왔다.
1981년 개점 당시, 대부분의 서점은 '서서 책을 훑어보는 공간'에 머물렀다. 그러나 교보문고는 독자가 책과 더 오래 머물 수 있도록 '열린 공간'의 개념을 도입했다. 광화문 본점은 국내 최초로 '앉아서 책을 읽을 수 있는 서점'을 표방하며, 넓은 열람 공간과 편안한 조명, 목재 서가와 테이블을 배치했다. 그 결과 서점 안에서 책을 보고, 쉬고, 대화하는 문화가 형성되었고, 이는 이후 국내 서점 문화의 패러다임을 바꾸는 계기가 되었다.

이후 교보문고는 책을 중심으로 다양한 문화 콘텐츠를 결합하며 서점을 복합문화공간으로 확장해 나갔다.

매장 내에서는 작가와의 만남, 북콘서트, 인문학 강연, 미술 전시 등 다채로운 프로그램이 열리며 '책 속의 문화'를 직접 체험할 수 있게 되었다. 특히 광화문점 중앙에 자리한 '문화공간 교보아트스페이스'는 전시·예술·공연·독서가 공존하는 열린 복합문화존으로, 단순한 서점을 넘어 지식과 감성을 전달하는 문화 플랫폼으로서의 위상을 확립했다. 이 공간은 2015년 12월 광화문점 리뉴얼과 함께 개관했으며, 현재까지 다양한 미술 전시와 아트토크를 무료로 운영 중이다. 이와 같은 문화적 접근은 교보문고를 '머무르고 경험하는 공간'으로 인식하게 만들었다.

한편, 교보문고는 디지털 전환에도 선제적으로 대응했다.

1997년 9월 국내 최초의 인터넷서점 '교보북네트'를 개설하며 온라인 사업에 본격 진출했고, 이후 전자책(eBook)과 북클럽(sam) 구독 서비스, 모바일 앱 등을 통해 디지털 독서 시장을 선도했다. 오프라인 매장은 '체험과 머무름'을, 온라인 플랫폼은 '편의와 접근성'을 제공하며 두 채널이 서로 보완적 시너지를 내고 있다.

이러한 전략은 교보문고를 온·오프라인을 잇는 종합 콘텐츠 플랫폼으로 발전시키는 핵심 동력이 되었다.

4. 책으로 세상을 바꾸다: 교보문고의 오늘과 내일

오늘날 교보문고는 수많은 청소년들이 이곳에서 책을 만나고, 새로운 꿈을 꾸며, 더 넓은 세상을 향해 나아간다. 책을 읽는다는 행위가 곧 세상을 바꾸는 힘이라는 걸 몸소 보여 주는 상징적인 공간이다.

신용호 회장은 말한다.
"나는 학교에 다니지 못했지만, 책을 통해 세상을 배웠고, 책이 내 인생을 바꾸었다. 그렇다면 내가 할 일은 다시 그 책으로 사람들의 삶을 바꾸는 것이다."

이 철학은 지금도 교보문고 곳곳에 살아 숨 쉬고 있다. 입구에 새겨진 "사람은 책을 만들고, 책은 사람을 만든다."라는 문구처럼, 그가 만들고자 했던 서점은 교육과 문화의 인프라였다.

5. 청소년에게 묻다: 너만의 '길'은 어디에 있는가

『길이 없으면 길을 만들며 간다』라는 신용호 회장의 삶은, 단지 한 기업인의 성공 스토리가 아니다. 책을 통해 자신을 일으켜 세우고, 결국 책을 통해 사회를 바꾼 한 사람의 실천적 철학이자 삶의 태도다.

그가 없었다면 지금의 교보문고도 없었을 것이다. 그렇다면 지금 우리에게 필요한 질문은 이것이다.

"나는 어떤 길을 만들 것인가?"

§ 『길이 없으면 길을 만들며 간다』를 읽고 §
사람을 키우는, 교보라는 이름으로

1. 독서 동기

이 책을 고르게 된 이유는 제목에서부터 강한 인상을 받았기 때문이다. "길이 없으면 길을 만들며 간다."라는 말은 마치 내게도 용기를 주는 듯했다. 또한, '교보문고'를 세운 사람이 어떤 삶을 살았는지 궁금하기도 했다. 단순한 기업인이 아닌, 철학이 있는 인물의 이야기를 읽고 싶다는 생각이 들어 이 책을 선택하게 되었다.

2. 도서 요약(브랜드 여정 요약)

『길이 없으면 길을 만들며 간다』는 교보생명과 교보문고의 창립자 신용호의 삶을 그린 전기다. 그는 평생에 걸쳐 '교육은 나라의 미래'라는 신념을 실천에 옮겼다. 교육보험을 통해 형편이 어려운 수많은 학생들이 학업을 이어 갈 수 있도록 도왔고, 나아가 국민 교육 진흥을 위한 공간으로 교보문고를 설립했다. "사람은 책을 만들고 책은 사람을 만든다."라는 표어를 내건 교보문고는 단순한 서점이 아닌, 지식과 문화가 숨 쉬는 열린 공간으로 자리매김했다. 이는 신용호가 교육과 문화의 힘을 얼마나 깊이 믿고 있었는지를 보여 준다.

뿐만 아니라, 그는 사회적 책임을 다하는 기업가로서도 모범을 보였다. 대산문화재단을 세워 한국 문학의 세계화를 도왔고, 대산농촌재단과 교보교육재단을 설립해 농촌 공동체와 교육 현장을 지속적으로 지원했다. 이러한 활동은 기업의 궁극적인 목표가 이윤이 아니라 공익이라는 그의 철학을 반영하는 것이었다.

신용호의 경영 철학은 '높이 보고, 멀리 보고, 넓게 보고, 깊게 보라'는 삶의 태도로 요약된다. 그는 언제나 당장의 이익보다 더 큰 비전을 바라봤고, 불가능해 보이는 일에 도전하며 새로운 길을 개척해 나갔다. 아무런 기반 없이 중국에서 사업을 일으킨 젊은 시절의 도전, 전쟁 후 빈손으로 돌아와 다시 시작한 용기, 보험과 교육을 연결한 창의적 발상, 문화와 문학의 가치를 기업 경영에 접목한 선구적인 실천은 모두 그러한 혜안과 실천력에서 비롯된 것이다.

『길이 없으면 길을 만들며 간다』는 신용호 개인의 성공 이야기를 넘어, 하나의 철학과 정신이 어떻게 기업의 성장, 더 나아가 한 사회의 발전으로 이어질 수 있는지를 보여 주는 귀중한 기록이다. 시대의 흐름에 좌우되지 않고 자기 신념을 지키며 살아간 그의 여정은, 지금을 사는 우리에게도 도전과 용기의 메시지를 전한다. "길이 없으면 길을 만들며 간다."라는 말처럼, 불확실한 시대에도 스스로 길을 만들어 나가는 사람에게 필요한 통찰이 이 책에 담겨 있다.

3. 기억에 남는 문장

"사람은 책을 만들고, 책은 사람을 만든다."

이 문장이 가장 인상 깊었다. 책을 통해 내가 바뀔 수 있다는 생각은 평소에도 해 왔지만, 실제로 기업을 세우며 이 가치를 실현한 사람이 있다는 것이 놀라웠다. 특히 교보문고가 단순한 서점이 아닌 '사람을 키우는 공간'이라는 철학이 느껴져 깊은 울림을 주었다.

4. 나에게 준 울림

이 책은 내게 '실패해도 괜찮다'는 용기를 주었다. 신용호 선생도 수많은 실패와 좌절을 겪었지만, 그때마다 새로운 길을 만들며 나아갔다. 진로에 대해 고민이 많았던 나도 이제는 정해진 길이 아니더라도 스스로 길을 만들 수 있다는 생각을 하게 되었다. 또한, 성공은 자신만을 위한 것이 아니라 사회를 위한 것일 때 더 큰 의미가 있다는 것도 배웠다.

5. 추천 대상과 이유

진로를 고민하고 있는 친구들에게 추천하고 싶다. 특히 뭔가 실패하거나 길을 잃었다고 느끼는 친구들이 읽는다면, 큰 힘을 얻을 수 있을 것 같다. 단순한 성공 이야기가 아니라, 삶을 대하는 태도와 철학을 배울 수 있는 책이기 때문이다.

§ 교보문고를 탐구하고 §
브랜드 탐구 보고서

1. 브랜드 기본 정보

브랜드 이름	교보문고	브랜드 로고	KYOBO
설립 연도	1980년	설립자	대산 신용호
브랜드의 국적 (출신 국가)	대한민국		
대표 제품/서비스	도서 판매, e-book, 온라인 서점, 문화 강연, 문구류 등		

2. 브랜드 소개

교보문고는 1980년 서울 종로에 첫 문을 연 이래, 40여 년간 대한민국을 대표하는 복합 문화 서점으로 자리매김해 왔다. "사람은 책을 만들고, 책은 사람을 만든다."라는 창립자 신용호의 철학을 바탕으로, 단순히 책을 판매하는 공간을 넘어 지식과 문화가 교류하는 열린 플랫폼으로 발전해 왔다.

오프라인 매장은 종로 본점을 비롯해 강남, 잠실, 광화문, 대구, 부산 등 전국 주요 도시에 위치해 있으며, 넓은 공간과 다양한 콘텐츠 큐레이션을 통해 독자들에게 몰입감 있는 독서 경험을 제공한다. 매장 내 북 카페, 전시 공간, 작가와의 만남 같은 문화 행사도 꾸준히 열리며,

책을 중심으로 한 소통의 장으로 기능하고 있다.

디지털 전환에도 발 빠르게 대응해, 국내 대표 온라인 서점을 구축하고 e-book 서비스, 오디오북, 북클럽(교보북클럽) 등 다양한 디지털 콘텐츠 플랫폼을 운영하고 있다. 사용자의 독서 습관과 관심 분야를 분석해 맞춤형 도서를 추천해 주는 스마트한 큐레이션 서비스도 제공하고 있으며, 독서 경험을 다채롭고 편리하게 확장하고자 지속적으로 기술을 접목하고 있다.

뿐만 아니라, 교보문고는 독서 문화 확산을 위한 다양한 사회 공헌 활동도 적극적으로 전개하고 있다. 청소년 독서 지원, 전국 독서 토론 대회 후원, 작가 지원 프로그램 등은 책을 통해 더 나은 사회를 만들고자 하는 브랜드의 비전을 보여 주는 대표적인 사례다.

이처럼 교보문고는 '책을 매개로 삶과 사회를 연결하는 공간'을 지향하며, 앞으로도 독서와 문화가 일상의 중심이 되는 미래를 위해 끊임없이 진화하고 있다.

3. 브랜드의 철학과 가치

- **브랜드가 추구하는 가치나 철학**
  '책과 사람, 그리고 문화의 연결'을 철학으로 삼고, 국민의 지식과 정서를 풍요롭게 하는 것을 브랜드의 궁극적인 목표로 삼고 있다.

- **브랜드 슬로건**
  "사람은 책을 만들고, 책은 사람을 만든다."

- 슬로건에 담긴 의미

    책을 통해 사람이 성장하고, 그 사람이 다시 새로운 책과 문화를 만들어 간다는 선순환적 가치를 담고 있다.

4. 브랜드의 역사와 성장 과정

교보문고는 대한민국 출판 문화의 지형을 바꾸고, 책을 통해 사람과 사회를 잇는 공간으로 발전해 온 대표적인 서점 브랜드이다. 창립자 신용호의 '교육과 문화로 나라에 보답한다'는 철학 아래, 교보생명의 문화사업으로 시작된 교보문고는 1980년 6월, 서울 종로에 국내 최대 규모의 대형 서점 1호점을 열며 첫걸음을 내디뎠다. 당시만 해도 '서점은 작고 조용한 공간'이라는 인식이 지배적이었지만, 교보문고는 지하철과 연결된 대형 매장을 통해 누구나 쉽게 책을 접할 수 있는 새로운 독서 환경을 제시하며 큰 반향을 일으켰다.

이후 교보문고는 단순한 서점이 아닌 '문화 공간'으로의 정체성을 강화하며 성장해 왔다. 1997년에는 국내 최초로 온라인 서점을 개설해, 오프라인 중심이었던 유통 구조에 혁신을 가져왔다. 이는 독자들이 언제 어디서나 책을 주문하고 정보를 탐색할 수 있게 만들며, 교보문고가 디지털 시대의 흐름을 선도하는 데 중요한 전환점이 되었다.

2003년 이후에는 전국 주요 도시에 오프라인 매장을 본격적으로 확장하기 시작했다. 광화문, 강남, 잠실, 인천, 대전, 대구, 부산 등 다양한 지역에 지점을 열며 전국 단위의 독서 기반을 마련했고, 각 매장은 단순한 판매 공간을 넘어 북 카페, 전시, 강연, 공연 등 다양한 문화 프로그램을 함께 운영하며 지역의 복합문화 공간으로 자리 잡았다.

2010년대 들어서는 e-book, 모바일 앱, 오디오북, 북클럽(교보북클럽) 등 디지털 독서 서비스를 강화하며 플랫폼 기반의 서점으로 진화했다. 이는 스마트폰과 태블릿을 활용한 새로운 독서 습관의 확산에 부응한 변화로, 독서 경험을 더욱 편리하고 개인화된 방식으로 제공하고자 한 노력의 일환이다. 특히 북클럽 서비스를 통해 월정액으로 다양한 전자책을 자유롭게 읽을 수 있는 모델을 선보이며, 젊은 세대와 비대면 환경에서도 독서를 지속할 수 있는 생태계를 만들고 있다.

2020년대에 들어선 교보문고는 '책 중심의 서점'을 넘어, '스토리 콘텐츠 기업'이자 '문화 플랫폼'으로의 확장을 시도하고 있다. 출판, 웹툰, 오디오, 영상 등 다양한 장르로 확장 가능한 지식과 이야기를 중심으로 새로운 콘텐츠 시장을 탐색하고 있으며, 작가와 독자, 창작자와 소비자가 소통하는 커뮤니티형 플랫폼으로 발전 중이다. 또한 교보문고는 독립서점 및 출판사와의 협업, 독자 맞춤형 콘텐츠 큐레이션, 다양한 문화 행사 개최 등을 통해 '책과 사람, 사람과 세상'을 잇는 본래의 정체성을 유지하면서도 끊임없이 진화하고 있다.

이렇듯 교보문고는 시대의 변화 속에서도 늘 책의 가치를 중심에 두고, 기술과 문화의 경계를 넘나들며 성장해 왔다. 그 발자취는 단순한 기업의 성공 사례를 넘어, 대한민국의 독서 문화와 콘텐츠 생태계를 함께 만들어 온 역사이기도 하다.

5. 마케팅 특징 분석

교보문고는 '책을 매개로 한 문화 경험'을 제공하는 브랜드로 자리매김하고자 다양한 마케팅 전략을 펼치고 있다. 이들은 고객의 독서 경험을 확장하고, 브랜드에 대한 감성적 공감대를 형성하며, 지속적인 고객 충성도를 이끌어 내는 데 중점을 둔 전략들이다.

- **문화 행사 중심의 체험 마케팅**
    교보문고는 유명 작가와의 북 토크, 사인회, 독서 모임 등 참여형 문화 행사를 꾸준히 기획해 고객이 책을 소비하는 것이 아니라, 직접 책의 세계에 몰입할 수 있는 기회를 제공한다. 특히 인기 작가와의 만남이나 신간 출간 기념 북 콘서트는 독자들의 높은 관심을 모으며, 서점 공간이 독서 문화의 중심지로서 기능하도록 돕는다. 이는 오프라인 서점만의 차별화된 가치를 부각시키는 전략으로도 작용한다.

- **콘텐츠 큐레이션을 통한 선택의 편의 제공**
    '오늘의 책', '이달의 추천 도서', '테마별 추천' 등의 큐레이션 콘텐츠는 독자들에게 책 선택의 기준을 제공하는 동시에, 브랜드의 전문성과 신뢰를 강화하는 전략이다. 이는 특히 책의 홍수 속에서 선택 장애를 겪는 현대 독자에게 유용하게 작용하며, 큐레이션을 통해 책에 대한 새로운 관심을 유도한다. 또한 교보문고의 큐레이션은 단순히 판매 순위가 아닌 사회적 이슈, 계절, 트렌드, 독자층의 관심사 등을 반영해 구성되어 독자 맞춤형 콘텐츠로 인식된다.

- **디지털 플랫폼과 SNS를 통한 소통형 마케팅**
    교보문고는 인스타그램, 유튜브, 블로그 등 다양한 SNS 채널을 통해 책 추천, 북리뷰, 작가 인터뷰, 짧은 책 속 문장 소개 등 시각적·감성적인 콘텐츠를 지속적으로 발행하고 있다. 특히 '책스타그램' 트렌드에 맞춰 감성적인 책 사진과 문구를 활용한 콘텐츠는 젊은 독자층과의 공감대를 형성하고, 자연스럽게 브랜드에 대한 긍정적 이미지를 확산시키는 역할을 한다. 또한 유튜브를 통한 '북캐스트' 콘텐츠는 영상 중심의 소비 환경에서 책에 대한 흥미를 유발하는 데 효과적이다.

- **'광화문 글판'을 통한 감성 마케팅**

'광화문 글판'은 교보생명과 함께 진행하는 대표적인 감성 마케팅으로, 사계절마다 건물 외벽에 문학적 문구를 게시해 시민들에게 따뜻한 메시지를 전달한다. 이 글판은 광고를 넘어 교보문고 브랜드의 정체성인 '책과 사람, 문화'의 가치를 상징하는 대표 콘텐츠로 자리 잡았다. 이는 브랜드를 일상 속 문화의 일부로 녹여 내는 방식으로, 오랜 시간에 걸쳐 소비자에게 감성적 친근감을 형성해 왔다.

- **굿즈 마케팅을 통한 팬심 자극과 구매 유도**

교보문고는 인기 캐릭터 브랜드(예: 무민, 산리오, 카카오프렌즈 등)와 협업한 문구류, 에코백, 책갈피 등의 굿즈를 제작해 책과 함께 판매하거나 구매 이벤트의 사은품으로 제공하고 있다. 이는 주로 젊은 소비자층의 취향을 저격하는 전략으로, '책을 사면 예쁜 굿즈를 받을 수 있다'는 프로모션을 통해 매장 방문과 구매를 유도한다. 굿즈는 브랜드에 대한 호감을 강화하는 동시에, 소비자의 소장 욕구와 감성적 만족을 자극하는 효과적인 마케팅 수단이다.

이처럼 교보문고는 단순히 책을 판매하는 기능에 머무르지 않고, 독서와 문화 전반을 아우르는 다양한 마케팅 전략을 통해 고객과 깊은 관계를 구축하고 있다. 체험, 감성, 디지털, 큐레이션, 굿즈 등 여러 축을 기반으로 한 통합적 마케팅은 교보문고가 시대 변화에 발맞추며 지속적으로 성장할 수 있었던 주요 요인이라 할 수 있다.

6. 브랜드의 강점 및 차별점

교보문고는 예스24, 알라딘과 같은 온라인 중심 서점 브랜드들과는 뚜렷하게 구분되는 전략적 차별화를 통해 독자적인 정체성과 강점을 구축하고 있다. 특히 오프라인 대형 서점을 기반으로 한 복합 문화 공간 운영은 교보문고만의 대표적인 특징이다.

- **대형 오프라인 매장을 통한 독서 및 문화 경험 제공**
  교보문고의 가장 두드러진 차별점은 전국 주요 도시에 운영 중인 대형 오프라인 매장이다. 단순히 책을 구매하는 공간을 넘어서, 독자가 직접 방문해 책을 고르고, 앉아서 읽으며, 새로운 책과 문화를 발견할 수 있는 체험 중심의 공간을 제공한다.
  대표적인 광화문 본점은 '책의 도시' 광화문을 상징하는 문화 명소로 자리 잡았으며, 강남점, 센텀시티점, 합정점 등도 지역 내 문화 중심지로 기능하고 있다. 이러한 오프라인 서점은 단순한 소비 공간이 아닌, 독서의 즐거움과 책과의 인문학적 교감을 경험할 수 있는 장소로 차별화된다. 예스24나 알라딘이 온라인 편의성과 저렴한 가격을 내세운다면, 교보문고는 공간에서 비롯되는 몰입감과 문화적 가치를 강조한다.

- **책뿐 아니라 전시, 체험, 휴식 공간을 함께 제공**
  교보문고는 서점의 기능을 넘어서 '복합문화공간'으로 진화해 왔다. 매장 곳곳에는 예술 전시, 북 큐레이션 존, 작가와의 만남 행사 공간, 아트숍, 북 카페, 라운지 등의 요소들이 결합되어 있다. 이러한 구성은 고객이 책을 중심으로 다양한 문화 활동을 경험할 수 있게 한다.

예를 들어, 합정점은 '아트와 북의 결합'을 테마로 전시와 책이 자연스럽게 어우러진 공간을 제공하고, 강남점은 북 카페와 전시 공간을 통해 '머물고 싶은 서점'으로 설계되어 있다. 이는 단순히 '책을 사는 곳'을 넘어 '문화를 즐기고 쉬는 곳'으로 교보문고를 포지셔닝하게 만든다. 알라딘과 예스24는 이러한 공간 중심 체험 전략보다는 온라인 편리성과 콘텐츠 큐레이션에 집중하고 있어, 교보문고와 뚜렷한 대비를 이룬다.

- **'광화문 글판'과 같은 감성적 메시지를 통한 정서적 소통**

'광화문 글판'은 교보문고의 차별성을 가장 잘 보여 주는 상징적 콘텐츠다. 1991년 시작된 이 프로젝트는 계절마다 시민에게 위로와 통찰을 주는 문학적 문구를 광화문 교보생명 빌딩 외벽에 게시하며, 시민과의 정서적 소통 창구로 기능하고 있다.

이 글판은 교보문고의 브랜드 철학인 '사람은 책을 만들고, 책은 사람을 만든다'는 신념을 시각화한 대표적 사례다. 많은 시민에게 희망과 위로를 전하며, 교보문고가 책을 넘어 사람의 마음에 닿는 브랜드임을 보여 준다. 반면, 온라인 서점 중심의 경쟁사들은 대중적 접근성과 실용적인 콘텐츠에 집중하는 경향이 있어, 이러한 감성적 메시지를 통한 브랜드 이미지 구축에는 상대적으로 약한 편이다.

이처럼 교보문고는 오프라인 공간의 물리적 강점을 바탕으로 한 체험 중심의 독서 문화, 복합적인 문화 공간 구성, 감성적 콘텐츠를 통해 독자와 깊이 있는 관계를 형성하는 데 성공하고 있다. 이러한 차별점은 구매의 편리함을 넘어, 독자들이 '브랜드에 머무르고 싶도록 만드는 힘'으로 작용하며, 교보문고만의 독보적인 정체성을 만들어 내고 있다.

7. 브랜드에 바라는 점 / 나의 제안

교보문고는 기존의 서점을 넘어, 책과 문화를 연결하는 플랫폼으로 자리매김했다. 특히 광화문점을 방문했을 때, 책뿐만 아니라 전시·굿즈·휴식 공간이 조화를 이루며 '머무르고 싶은 서점'이라는 인상을 깊게 남겼다.

최근 디지털 독서의 확산으로 오프라인 서점의 존재 가치가 흔들리고 있지만, 교보문고처럼 감성과 경험을 동시에 제공하는 공간은 여전히 큰 경쟁력을 지닌다고 생각한다. 책을 매개로 한 예술, 강연, 체험형 콘텐츠를 지속적으로 확장해 독서의 즐거움을 새로운 형태로 제시해 주길 바란다.

또한 청소년 세대가 자연스럽게 책과 가까워질 수 있도록 독서 문화 캠페인, 청소년 북클럽, 작가와의 만남 프로그램 등을 더 다양하게 운영해 주면 좋겠다.

이를 통해 교보문고가 앞으로도 세대와 시대를 아우르는 '지속 가능한 문화 플랫폼'으로 발전하길 기대한다.

8. 출처

- 교보문고 홈페이지(kyobobook.co.kr).
- 교보문고 홈페이지(company.kyobobook.co.kr).
- 교보생명, '광화문 글판' 마음에 담기 / CNB뉴스. 2021.03.13.
- 교보문고 창립자 `대산 신용호` 20주기 추모전 연다 / 이데일리. 2023.09.05.
- 교보생명은 민족기업"..신 회장이 애국심 마케팅 나선 까닭 / 이데일리. 2019.09.12.
- 텍스트힙 더 힙하게… 교보문고 굿즈 열풍 / 파이낸셜뉴스. 2025.02.28.
- 정인영, 《길이 없으면 길을 만들며 간다》, 교보문고, 364쪽.
- 홍성태, 《배민다움》, 북스톤, 288쪽.

02
배달의민족

배달은 문화다, 디자인이다, 철학이다

"치킨을 시키는 일에도 철학이 필요하다."

배달의민족을 만든 김봉진의 이 말은 실없는 농담이 아니다. 디자이너 출신 창업자가 배달 앱에 디자인과 유머, 철학을 입히며 시작한 전례 없는 도전이었다.

불편한 일상을 바꾸고 싶다는 마음 하나로 시작된 작은 아이디어는, 사람과 사람, 음식과 사람, 기술과 문화 사이의 새로운 연결을 만들었다.

디자인은 웃음을 주는 동시에 삶을 바꿀 수 있다는 믿음, 소상공인을 위한 진심 어린 기술의 힘, 그리고 아무도 주목하지 않았던 것에 가치를 더하려는 태도에서 비롯됐다.

배달의민족은 음식만 배달하는 서비스가 아니라, 배달이라는 문화를 새롭게 정의해 온 브랜드다.

"왜 안 돼요?"라는 질문 대신, "되게 할게요."라고 말했던 사람들.
배달의민족은 배달을 문화로 만든 사람들의 이야기다.

1. 어디서 이런 생각이 났대?

"치킨을 시키는 데도 철학이 필요하다고?"

2000년대 말, 창업자 김봉진은 서울의 한 디자인 회사에서 UX 디자이너로 일하고 있었다. 당시 그는 배달 음식을 주문할 때마다 불편함을 느꼈다. 대부분의 사람들이 집 안에 쌓여 있던 전단지를 꺼내 들고,

하나하나 비교한 뒤 전화로 주문을 해야 했기 때문이다.
그는 문득 의문을 품었다.

> '왜 이렇게 많은 사람이 배달 음식을 시켜 먹는데, 정작 배달을 위한 서비스는 불친절하고 촌스러울까?'

그리고 생각했다.

> '배달 앱도 디자인이 좋으면 사람들이 더 편하게, 더 즐겁게 쓸 수 있지 않을까?'

이 불편함을 디자인의 힘으로 바꿔 보자고 결심한 그는, 오프라인 전단지를 스마트폰 속으로 옮기는 아이디어를 떠올렸다.
전단지를 모아 스마트폰 안에 넣은 앱, 바로 그것이 '배달의민족'의 시작이었다.
이 한 가지 질문에서 출발한 '배달의민족'은 이름부터 범상치 않았다. '배달의 민족'이라는 전통적인 표현에서 따온 듯한 말장난처럼 보이지만, 그 안에는 '음식 배달 역시 한국인의 일상 문화이자 정체성'이라는 철학이 담겨 있었다.

2. '배달의민족'은 이렇게 만들어졌다

디자이너가 만든 배달 앱, 그 결과는?
2009년, 디자이너 출신 김봉진은 작은 개발사 '우아한형제들'을 창업하고, 음식점 전화번호와 메뉴 정보를 모은 배달 앱 '배달의민족'을 세상에 내놓았다. 그러나 초창기 반응은 미미했다. 이미 비슷한 경쟁 앱이 많았고, 앱으로 음식을 주문한다는 문화도 아직 낯설었기 때문이다.
 하지만 배달의민족은 차별화된 무기를 가지고 있었다.

> 깔끔하고 직관적인 UI
> 한글에 대한 애정을 담은 디자인
> "이 세상 모든 쓸데없는 디자인을 위하여"라는 철학과 유머
> B급 감성과 진심 어린 카피

 이 독특한 접근은 서서히 입소문을 타기 시작했다. 사람들은 "앱을 열기만 해도 웃긴다."라고 말했고, 광고 카피 한 줄만 봐도 브랜드의 철학을 느낄 수 있었다.
 예를 들어, "치킨은 살 안 쪄요. 살은 내가 쪄요.", "오늘은 내가 엄마 대신 밥해 줄게.", "배달의민족은 배달의 미덕입니다."
 이렇듯 배달의민족은 평범한 배달 앱이 아니라, 디자인과 유머를 통해 사람들의 마음을 사로잡은 문화적 아이콘으로 자리 잡아 갔다.

3. 배달의민족은 어떻게 성장했나

 "배달은 단순한 서비스가 아니라 문화다."
 2010년대 중반, 스마트폰 보급이 급격히 늘어나면서 배달의민족은 빠른 속도로 성장했다. 단순한 음식 배달 앱을 넘어, 새로운 생활 문화를 만들어 낸 것이다.
 배달의민족은 1등 배달 앱으로 자리 잡았을 뿐 아니라, 자체 배달 시스템 '배민라이더스'를 도입하며 서비스 품질을 높였다. 동시에 소상공인을 위한 광고와 마케팅 지원, 포장재를 판매하는 '배민상회', 디자인 상품을 선보인 '배민문방구' 등 다양한 서비스를 확장했다. 또한 누구

나 자유롭게 사용할 수 있는 자체 폰트 '배민체'를 무료로 배포해 디자인 문화를 널리 퍼뜨리기도 했다.

이러한 시도는 배달의민족을 배달 앱을 넘어, 디자인·기술·유머·사람에 대한 존중이 어우러진 생활 플랫폼으로 성장시켰다.

그리고 그 중심에는 한 가지 철학이 있다.

"우리는 사람을 위한 회사다."

4. '쓸데없는 디자인'이 세상을 바꾼다

진심이 담긴 유머는 브랜드가 된다. 배달의민족의 성공 뒤에는 얼핏 쓸데없어 보이지만, 사실은 정성이 가득한 디자인이 있었다. 대표적인 사례가 바로 '배민체' 시리즈다. 손글씨 느낌이 살아 있는 한글 폰트를 만들어 누구나 무료로 쓸 수 있도록 공개했다. 또한 광고 문구와 포스터 속에서는 철학적인 유머와 일상의 농담을 담아 사람들의 마음을 사로잡았다. 배달의민족의 디자인 철학은 단순하다.

"불편한 걸 고치려 하지 말고, 웃기게 만들자."

이 철학은 포장지, 비닐봉지, 도시락 스티커 같은 사소한 부분까지 스며들어 있다. 작은 디테일 하나하나가 모여 결국 '배달의민족'이라는 친근하면서도 특별한 브랜드 세계관을 완성했다.

5. 오늘의 배민, 내일의 배민

청소년에게 묻는다. 너는 어떤 '우아한 형제'가 되고 싶은가?

배달의민족은 국내 배달 앱 시장을 넘어 이제는 세계 무대에서 활동하는 브랜드로 성장했다. 2020년, 독일의 글로벌 딜리버리 기업 딜리버리히어로Delivery Hero에 인수되며 글로벌 네트워크의 일부가 된 것이다.

그러나 이 변화 속에서도 배달의민족이 지켜 온 철학은 여전히 같다.
"우리는 치킨을 시키는 순간에도, 사람의 마음을 생각합니다."
배달의민족은 기술적 효율성만 강조하지 않는다. 디자인, 유머, 사람에 대한 존중, 그리고 작은 배려에서 비롯된 혁신을 통해 브랜드를 키워 왔다. 이러한 태도는 배달의민족을 단순한 음식 배달 플랫폼이 아니라, 대한민국 생활문화의 중요한 일부로 자리매김하게 했다. 이제 배달의민족은 한국을 넘어 세계 속에서 '생활문화 브랜드'로 어떤 미래를 그려갈지 주목받고 있다.

6. 배민이 청소년에게 묻는 한 가지

『배달의민족』의 이야기는 결국 이렇게 요약된다.
"당연해 보이던 일상에, 새로운 길을 낸 사람들의 이야기."
배달 앱이라는 평범해 보이는 영역에서, 배달의민족은 디자인과 철학, 유머와 사람에 대한 존중을 담아 전혀 새로운 가치를 만들어 냈다. 이는 한 기업의 성공담을 넘어, '사소해 보이는 아이디어도 세상을 바꿀 수 있다'는 사실을 보여 준다.
이제 질문은 청소년에게로 향한다.
너는 어떤 '쓸모없어 보이는 일' 속에서 새로운 가능성을 발견할 수 있을까?
그리고 너만의 방식으로 세상에 기여할 '민족'을 만들 준비가 되어 있는가?
배달의민족은 이렇게 말한다.

"우리는 오늘도, 배민다움으로 세상을 배달하고 있습니다."

§ 『배민다움』을 읽고 §
철학이 있는 배달, 철학이 있는 브랜드

1. 독서 동기

『배민다움』을 고른 이유는 단순하다. '배달의민족'이라는 브랜드가 가진 독특한 정체성과 문화적 영향력이 궁금했기 때문이다. 배달 앱 중 하나로 시작했지만, 어느 순간부터 배민은 단지 음식을 주문하는 플랫폼이 아니라 하나의 문화로 자리 잡은 듯한 느낌을 주었다. TV 광고의 짧은 문구, 길거리에 붙은 배민체 글꼴, 그리고 앱 속에 숨어 있는 유머러스한 문장들까지 어느 하나 허투루 느껴지지 않았다. 이 책을 통해 배달의민족이 단지 기술 기반의 스타트업이 아니라, '생각하는 브랜드', '말을 거는 브랜드'가 될 수 있었던 배경과 철학을 알고 싶었다.

2. 도서 요약(브랜드 여정 요약)

『배민다움』은 배달의민족 브랜드를 바라보는 깊이 있는 관찰과 해석을 바탕으로, 이 브랜드가 어떻게 탄생했고 어떤 철학으로 성장해 왔는지를 다룬 책이다. 저자인 홍성태 교수는 브랜딩 전문가로서, 흔한 성공담이 아니라 철학과 원칙이 담긴 배민의 브랜드 여정을 분석한다.

책의 중심에는 창업자 김봉진 대표가 있다. 그는 특이하게도 디자이너 출신 창업가다. 그렇기에 처음부터 기술이 아니라 '사람의 마음을 움직이는 디자인'을 중심에 두고 서비스를 설계했다. 그가 배민을 만들

때 가장 먼저 생각한 것은 "어떻게 하면 이 서비스를 쓰는 사람들에게 기분 좋은 경험을 줄 수 있을까?"라는 질문이었다.

배민의 브랜딩 전략은 대중에게 위트 있게 다가가면서도 결코 가볍지 않다. "이왕 할 거면 재미있게", "작은 가게의 진심을 응원하는 기술" 그리고 "우리가 먼저 미쳐야 남들이 따라온다."와 같은 문장들은 단순한 구호가 아니라, 배달의민족의 기업 철학을 대표하는 말이다. 배민은 철저히 고객 중심적이되, 고객을 '재미있게 존중하는' 방식을 택했다. 이러한 정체성이 배민다움의 핵심이다.

또한 책은 배민이 시도한 다양한 실험과 도전들을 소개한다. 메뉴판을 예술로 만든 '배민문방구', 광고에서의 시적 문장들, 서체 개발 프로젝트 등은 브랜딩을 넘어서 브랜드가 사회와 어떻게 교감할 수 있는가에 대한 실천적 고민의 결과물이다.

3. 기억에 남는 문장

"철학이 있는 브랜드는 단단하다. 철학은 유행보다 오래간다."

이 문장은 책 전체를 관통하는 핵심적인 메시지다. 급변하는 트렌드 속에서도 흔들리지 않고 중심을 지키는 브랜드는 결국 자기만의 철학을 가진 브랜드임을 말해 준다. 배달의민족은 시대의 흐름을 빠르게 읽는 민첩함도 있었지만, 그보다 더 중요한 것은 '왜 이 일을 하는가'에 대한 분명한 답이었다.

이 문장을 통해 나는 브랜드가 단순히 제품이나 서비스를 제공하는 것이 아니라, 삶의 태도와 가치관을 드러내는 하나의 언어임을 깨닫게 되었다. 유행은 사람들의 시선을 잠깐 잡을 수 있지만, 철학은 사람의 마음을 오래 붙잡는다.

4. 책이 나에게 준 울림

이 책을 읽으며 나는 브랜드를 바라보는 시선이 달라졌다. 이전에는 브랜드를 '상품을 잘 팔기 위한 이름표' 정도로 생각했다면, 지금은 브랜드야말로 한 조직이나 개인이 세상과 소통하는 방식이라는 점을 알게 되었다.

특히 기억에 남는 것은 배민이 '작은 가게의 진심을 응원하는 기술'을 만들고자 했다는 점이다. 화려한 포장보다 중요한 것은 결국 사람에 대한 존중과 진심이라는 것을 느꼈다.

나 또한 나만의 브랜드를 만든다면, 그것이 어떤 외형을 갖고 있느냐보다 어떤 철학과 태도를 지니고 있느냐가 더 중요하다는 생각을 하게 되었다. 나를 표현하는 방식이 곧 나의 세계관이 될 수 있다는 사실은 나에게 큰 영감을 주었다.

5. 추천 대상과 그 이유

『배민다움』은 단지 배달의민족이라는 회사를 알고 싶은 사람들만을 위한 책은 아니다. 이 책은 '어떻게 자신만의 브랜드를 만들 것인가', '어떻게 세상과 소통할 것인가'를 고민하는 모든 사람에게 유익한 안내서가 된다.

특히 디자인, 마케팅, 기획, 창업 등 창의적인 분야에 관심 있는 청소년들에게 일독을 권하고 싶다. 무엇보다도 '내가 좋아하는 일'과 '세상에 필요한 일'을 연결하는 과정을 보여 주기 때문에, 진로를 고민 중인 청소년에게도 깊은 통찰을 줄 수 있다.

§ 배달의민족을 탐구하고 §
브랜드 탐구 보고서

1. 브랜드 기본 정보

브랜드 이름	배달의민족 Baedal Minjok	브랜드 로고	
설립 연도	2010년	설립자	김봉진
브랜드의 국적 (출신 국가)	대한민국		
대표 제품/서비스	음식 배달 플랫폼 서비스(모바일 앱과 웹사이트)		

2. 브랜드 소개

　배달의민족은 스마트폰 앱을 통해 사용자가 간편하게 음식점 메뉴를 확인하고 주문할 수 있도록 하는 서비스다. 배달 서비스 제공을 넘어, 사용자 경험과 가게 사장님의 편의를 동시에 고려하는 플랫폼이다.
　현재 배달의민족은 국내 최대 규모의 배달 앱으로, 전국 수많은 음식점과 배달원을 연결하는 역할을 수행하고 있다.
　또한 배달의민족은 기술 플랫폼을 넘어, 다양한 문화 콘텐츠와 브랜딩 활동을 통해 '재미있고 친근한' 브랜드 이미지를 구축하고 있다.

3. 브랜드 철학과 가치

- **브랜드가 추구하는 가치나 철학**

  배달의민족의 핵심 철학은 '사람 중심의 서비스'다.
  "우리가 먼저 미쳐야 남들이 따라온다", "작은 가게의 진심을 응원하는 기술"이라는 메시지가 대표적이다.
  이 철학은 배달의민족이 단순히 배달을 중개하는 데 그치지 않고, 고객과 가게, 배달원이 모두 만족하는 생태계를 만들고자 하는 의지로 나타난다.

- **브랜드 슬로건**

  "세상의 모든 것이 식지 않도록"

- **슬로건에 담긴 의미**

  이 슬로건은 사람들의 일상과 관계, 문화가 식지 않고 따뜻하게 이어지길 바라는 마음을 담고 있다. 배달의민족은 이 문구를 통해 누구나 쉽고 편리하게 음식을 즐길 수 있는 환경을 만들고자 한다. 나아가 가게 사장님부터 소비자까지 배달 생태계의 모든 구성원이 함께 성장할 수 있는 공존과 상생의 가치를 추구하며 플랫폼을 넘어, 사람과 사람, 음식과 문화를 잇는 따뜻한 연결의 브랜드를 지향한다.

4. 브랜드 성장 과정

배달의민족은 2010년, '우아한형제들'이라는 독특한 이름의 스타트업이 세상에 내놓은 배달 앱 서비스였다. 당시만 해도 대부분의 배달은 전단지에 의존했고, 전화로 주문하는 방식이 일반적이었다. 김봉진 대표는 "왜 배달은 스마트폰으로 간편하게 할 수 없을까?"라는 질문에서 출발했다. 그렇게 출시된 배달의민족 앱은 음식점 정보를 시각적으로 정리해 보여 주고, 버튼 하나로 배달 음식을 주문할 수 있는 새로운 소비 경험을 제공하며 사람들의 생활을 바꾸기 시작했다. 이 앱은 단순한 서비스가 아니라, '배달 문화' 자체의 변화를 예고한 시발점이었다.

서비스 론칭 후 몇 년 동안, 배달의민족은 빠르게 사용자층을 넓혀갔다. 2014년을 전후해 스마트폰 보급률이 높아지며, '앱으로 주문'이라는 새로운 소비 습관이 대중화되었다. 배민은 그 물결을 타고 전국으로 빠르게 확대되었다. 사용자 수는 급격히 증가했고, 자영업자들 역시 배민에 입점하는 것이 하나의 마케팅 전략이 되기 시작했다. 더 이상 배달 앱은 '새로운 시도'가 아닌, 일상적 소비 채널로 자리 잡았다.

2017년은 배달의민족이 '앱 서비스'를 넘어, 독보적인 브랜드로서 색깔을 확립한 해였다. 그해, '배민문방구'라는 온라인 굿즈 샵이 열렸고, 누구나 무료로 쓸 수 있는 서체(예: 주아체, 한나체, 도현체 등)를 배포하는 등 이색적인 브랜딩 활동이 이어졌다. 배민은 광고와 콘텐츠를 통해 '맛있게 배달되는 음식'뿐만 아니라, 유쾌하고 창의적인 '배민다움'을 전파했다. 특히 광고 문구 하나하나가 화제가 되었고, '을지로체' 같은 서체는 타 브랜드나 학교, 개인 블로그에서도 활용되며 배민 브랜드의 확장성을 보여 줬다.

2019년 12월, 배달의민족 운영사인 우아한형제들은 독일의 글로벌 배달 플랫폼 기업 딜리버리히어로Delivery Hero에 인수되었다. 인수 당시 기업 가치는 약 4조 7천억 원에 달해 큰 화제를 모았다. 이 사건은 매각을 넘어, 국내 스타트업이 세계 시장과 연결되는 본격적인 첫걸음이었다. 이로 인해 배민은 해외 기술, 자본과의 협업을 통해 플랫폼의 안정성과 기술력을 강화할 수 있었다. 동시에 배달 산업 전반에 걸쳐 '플랫폼 경쟁'이 본격화되었다.

2022년 이후, 배달의민족은 더욱 정교해진 기술과 사회적 책임을 결합한 방향으로 나아가고 있다. AI(인공지능) 추천 시스템이 도입되면서, 사용자 개인의 취향을 고려한 맞춤형 메뉴 추천이 가능해졌다. 동시에, 플랫폼의 독점 논란을 의식하며 소상공인을 위한 수수료 인하 정책, 라이더 복지 향상, 친환경 배달 용기 사용 등 '지속 가능한 배달 문화' 조성을 위한 다양한 노력을 기울이고 있다. 편의 그 이상을 추구하며, 사회와 공존하는 브랜드로 나아가고 있다.

5. 브랜드 특징 분석

- **디자인: "서체 하나로 감성을 전하다"**
배달의민족 디자인의 상징은 단연 전용 서체인 '배민체'다. '한나는 열한살체', '도현체', '주아체', '을지로체' 등 독창적인 이름과 감성이 담긴 서체들은 광고 문구, 앱 디자인, 패키지에 이르기까지 전방위적으로 활용된다.
놀라운 점은 이 서체들이 단지 '예뻐서' 쓰이는 것이 아니라, 브랜드 철학과 정체성을 시각적으로 전달하고 있다는 것이다. 예를 들어, 을지로체는 오래된 간판에서 영감을 받은 레트로 감성의 글꼴로, '서민의 삶'과 '정겨움'을 표현하고 있다. 이렇게 디자인이 메시지를 품게 되면서, 사용자들은 자연스럽게 배민에 친근함과 신뢰를 느끼게 된다.

디자인에 대한 일관성과 세심함은 앱 내 인터페이스, 광고, 패키지 디자인까지 이어져, 어디에서든 '이건 배민이구나'라는 인식을 심어 준다. 이는 브랜드 아이덴티티 구축의 모범 사례라 할 수 있다.

- **마케팅: "위트와 공감으로 마음을 사로잡다"**

배달의민족의 마케팅은 언제나 예상 밖의 유머와 생활 밀착형 메시지로 주목받아 왔다. 대표 슬로건인 '배달은 배민'은 짧고 쉬운 문장이지만, 그 속에 기억성과 명확한 브랜드 포지셔닝이 모두 담겨 있다.

하지만 배민의 진짜 마케팅 힘은 그 너머에 있다.

예를 들어, "이 광고는 제가 책임지겠습니다."라는 카피가 담긴 광고는 진심 어린 책임감과 함께, 소비자와 정서적 교감을 시도한다. 또 "치킨은 살 안 쪄요. 살은 내가 쪄요." 같은 문구는 유쾌한 공감으로 소비자와의 거리를 좁힌다.

그들의 광고는 제품을 강요하지 않는다. 대신 사람들이 웃고, 공감하고, 때론 생각하게 만든다. 이처럼 브랜드가 감정을 자극할 수 있을 때, 사람들은 광고가 아니라 '하나의 콘텐츠'로 받아들인다. 배민은 마케팅으로 고객을 유도하는 것이 아니라, 브랜드의 팬을 만든다.

- **공간: "온라인에서 오프라인으로, 브랜드가 일상이 되다"**

배달의민족은 디지털 기반 서비스지만, 오프라인 공간에서도 존재감을 드러내고 있다. 대표적인 예가 '배민문방구'다. 처음에는 온라인 굿즈 몰로 시작했지만, 이후 오프라인 팝업 스토어와 행사장을 통해 사용자와 직접 소통하는 '경험의 장'을 만들어 냈다.

배민문방구에 들어서면, 배달과 전혀 상관없어 보이는 문구류, 엽서, 생활용품들이 배민 특유의 유머와 디자인 감성으로 재탄생해 있다. 이는 단지 제품을 파는 공간이 아니라, 배민다운 세계관을 체험하는 공간이다. 온라인 브랜드가 물리적 공간까지 자신만의 감성으로 꾸미고 확장해 나가는 것은 드문 일이기에, 더욱 인상 깊다.

- **기술 활용: "편리함은 기본, 개인화는 선택이 아닌 필수"**
배달의민족은 디자인과 마케팅만 돋보이는 브랜드가 아니다. 기술적인 완성도와 사용자 편의성도 업계 최고 수준이다.

가장 기본적인 배달 앱의 기능인 음식점 정보 제공, 메뉴 확인, 주문 및 결제는 물론이고, 실시간 배달 추적, 라이더 위치 확인, 인공지능 기반 추천 시스템까지 도입되어 있다.

특히 추천 시스템은 사용자의 이전 주문 패턴, 시간대, 날씨 등을 고려해 개인 맞춤형 음식 추천을 제공하는데, 이는 '고객을 잘 아는 친구'처럼 느껴지게 만든다. 또한 UI/UX 설계도 탁월해, 처음 사용하는 사람도 직관적으로 기능을 이해하고 사용할 수 있다. 이는 기술이 복잡함이 아닌 편리함을 제공해야 한다는 원칙을 잘 지킨 결과다.

6. 브랜드의 강점 및 차별점

배달의민족은 '사람 중심의 철학'을 기술과 디자인에 잘 녹여냈다는 점에서 강점이 크다.

소비자뿐 아니라 가게 사장님과 배달 기사까지 모두를 고려하는 균형 잡힌 서비스 운영이 돋보인다.

또한 '문화'와 '브랜딩'을 결합해 단순 배달 앱 이상의 사회적 의미와 정체성을 확립한 점이 인상적이다.

7. 브랜드에 바라는 점 / 나의 제안

배달의민족이 앞으로도 지속 가능하고 건강한 배달 생태계를 만드는 데 더욱 힘쓰면 한다.

특히, 배달 노동자의 근무 환경 개선과 친환경 포장재 사용 확대 같은 사회적 책임 실천에 더 많은 노력이 필요하다.

또한 지역 소상공인과의 협력을 강화해 지역 경제 활성화에 기여하는 브랜드로 성장하길 바란다.

청소년과 젊은 세대가 배달의민족의 '철학'을 통해 '자신만의 브랜드'를 고민할 수 있도록 교육적 콘텐츠 개발도 제안한다.

8. 출처 정보

- 우아한형제들 홈페이지(woowahan.com).
- 배민다움 홈페이지(story.baemin.com).
- 김익환이 만난 혁신 기업가(3) 김봉진 우아한형제들 CEO / 포브스코리아 (Forbes Korea). 2019.03.27.
- 플랫폼 '독점지대'와 '우아한 형제들' / BLOTER19. 2025.06.24.
- B급 감성으로 청춘을 파고들다 / 세계일보. 2018.07.08.
- 전단지 앱으로 시작했는데…'15주년' 배민, 누적 거래액 153조 돌파 / 이코노미스트. 2025.06.30.
- 우아한형제들, 《요즘 우아한 개발》, 골든래빗, 360쪽.

03

루이 비통

이름값 하는 브랜드란 무엇인가

우리는 흔히 "이름값 한다"라는 표현을 쓴다.

이 말은 값비싼 가격표를 정당화하기 위한 것이 아니다.

그 이름 안에는 시간과 신뢰, 그리고 철학이 쌓여 있다.

어떤 브랜드는 물건을 파는 것을 넘어, 하나의 문화와 세계관을 만들어 낸다.

루이 비통이 그 대표적인 사례다.

흔히 '명품 브랜드'로 알려져 있지만, 루이 비통의 가치는 사치품이 아니라 '하이엔드(High-end)'라는 개념으로 설명할 수 있다.

하이엔드는 최고급 제품이라는 의미를 넘어, 장인정신과 예술적 가치가 결합된 세계를 뜻한다. 하이엔드란 단순히 최고급 제품을 뜻하지 않는다. 그것은 일부 사람들만 누리지만, 시간이 지나면 모두에게 스며들게 될 '오래된 미래'다. 즉, 더 고기능적이고, 더 인간 중심적이며, 더 심미적으로 완성된 과정을 미리 보여 주는 것이다.

1. 작은 의문에서 시작된 혁신

"가방에 철학이라니?"

19세기 중엽, 프랑스 동부 쥐라Jura 지방의 작은 마을에서 한 소년이 태어났다. 그의 이름은 루이 비통. 집안 형편은 넉넉하지 않았고, 열네 살이 되자 그는 홀로 집을 떠나 파리로 향했다. 도보로만 400킬로미터가 넘는 험난한 길이었다. 이 긴 여정은 훗날 그의 인생을 규정하는 첫

번째 여행이 되었다.

파리에 도착한 루이는 가죽공방에서 견습생으로 일하며 부유한 고객들의 짐을 맡았다. 그 과정에서 그는 늘 비슷한 불평을 들었다. 무겁고 둔탁해 들기 힘든 가방, 비만 오면 쉽게 젖어 망가지는 짐가방.

그는 속으로 되물었다.

'여행은 인간에게 자유인데, 왜 여행 가방은 오히려 불편을 주는 걸까?'

이 사소한 의문은 점차 확신으로 바뀌었다.

'여행 가방도 아름답고, 편리할 수 있다.'

그 사소한 질문이 훗날 세계적인 브랜드, 루이 비통의 출발점이 되었다.

2. 직사각형 트렁크의 탄생

1854년, 파리 생토노레 거리에 작은 공방 하나가 문을 열었다. 간판에는 이렇게 적혀 있었다. "루이 비통, 트렁크 제작자Louis Vuitton, Malletier."

그가 내놓은 제품은 당시 사람들에게 신선한 충격이었다. 기존의 여행 가방은 둥근 뚜껑을 가지고 있어 겹겹이 쌓기 힘들었고, 무겁고 습기에 약했다. 그러나 루이 비통은 다른 접근을 했다. 가볍고 방수 처리된 캔버스 소재, 그리고 평평한 뚜껑을 가진 직사각형 트렁크. 단순해 보였지만, 이는 여행의 방식을 근본적으로 바꾸는 혁신이었다.

처음에는 반응이 엇갈렸다. '짐가방에 무슨 디자인이 필요하겠는가' 하는 의구심이 있었던 것이다. 그러나 곧 산업혁명으로 기차와 증기선

이 대중화되면서, 유럽의 상류층은 더 멀리, 더 자주 여행을 떠나게 되었다. 그들은 깨달았다.

'이 트렁크는 단순히 가방이 아니라, 여행의 시작 그 자체구나.'

루이 비통의 직사각형 트렁크는 곧 유럽 귀족과 부유층의 필수품이 되었고, 여행의 풍경을 바꾸어 놓았다. '왜 여행은 자유로운데, 가방은 불편해야 하는가?' 한 장인의 질문이 세상에 새로운 답을 제시한 순간이었다.

3. 아들이 이어간 철학, 'LV 모노그램'

"루이는 단순한 가방이 아니다. 그것은 삶이다."

창립자 루이 비통이 세상을 떠난 뒤, 그의 아들 조르주 비통은 아버지가 남긴 철학을 이어받았다. 그러나 그가 마주한 현실은 쉽지 않았다. 브랜드가 인기를 얻자, 위조품이 급격히 늘어나기 시작한 것이다. 이름값을 훔치는 모방품들 속에서, 루이 비통의 정체성을 지키는 것은 시급한 과제가 되었다.

1896년, 조르주는 하나의 답을 내놓았다. 바로 'LV 모노그램 캔버스'의 탄생이다. 그것은 예쁜 장식이 아니라, 가족과 유산을 상징하는 문장이었다. 루이Louis의 이니셜 'L'과 비통Vuitton의 'V'를 교차시키고, 프랑스 장식미술에서 착안한 꽃무늬 패턴을 더해 하나의 문양으로 완성했다. 이 디자인은 방어책이 아니었다. 오히려 루이 비통만의 정체성과 철학을 세계에 각인시키는 아이콘이 되었다.

모노그램은 곧 브랜드를 상징하는 가장 강력한 언어가 되었고, 루이 비통은 트렁크 제작소를 넘어 하나의 브랜드로 자리 잡았다. 그것은 여행을 꿈꾸는 인간의 상상력, 그리고 삶을 예술로 승화시키는 장인 정신의 대명사가 되었다.

이후 루이 비통은 트렁크를 넘어 핸드백, 액세서리, 패션 의류로 영역을 확장했다. 세계 곳곳의 셀러브리티와 예술가들은 루이 비통을 선택했고, 브랜드는 자연스럽게 패션과 예술의 경계를 허무는 존재로 자리매김했다. 이제 루이 비통은 소유의 대상이 아니라, 문화와 미학을 함께 누리는 경험을 제공하는 브랜드가 되었다.

4. 예술이 된 가방

진심이 담긴 장인 정신은 시대를 초월한다.
루이 비통의 성공 뒤에는 '쓸데없어 보이는 정성'이 있었다.

장인들이 수십 년간 전수해온 300개 이상의 세밀한 공정, 바느질 한 땀, 자물쇠 하나에도 깃든 완벽주의, '가족·전통·유산'을 담아낸 모노그램 문양, 무라카미 다카시, 제프 쿤스, 슈프림 등 예술가·브랜드와의 혁신적 협업.

심지어 트렁크 내부의 작은 자물쇠, 바느질의 각도까지 완벽을 추구했다. 이런 '사소한 정성'이 모여 루이 비통을 가방이 아닌 예술 작품으로 만들었다.

5. 오늘의 루이 비통, 내일의 루이 비통

오늘날 루이 비통은 세계에서 가장 영향력 있는 명품 브랜드 가운데 하나로 자리 잡았다. 전통적인 패션 제품을 넘어, 패션쇼와 아티스트와의 컬래버레이션, 그리고 미술관 운영을 통해 새로운 문화를 제안하고 있다. 실제로 파리에는 루이 비통 재단 미술관Fondation Louis Vuitton이 세워져 동시대 예술을 지원하며, 창의적이고 실험적인 미래를 열어 가고 있다.

그러나 루이 비통이 지켜 온 핵심 철학은 변하지 않았다.

"우리는 가방을 만드는 순간에도, 사람의 삶을 생각합니다."

루이 비통은 사치품을 판매하는 브랜드가 아니다. 시대를 초월해 장인의 기술과 디자인 철학을 이어 가며, 삶의 방식과 문화를 제안하는 브랜드로 자리매김했다. 그래서 루이 비통은 오늘날 패션을 넘어, 역사와 예술이 함께 흐르는 생활 문화의 일부가 되었다.

6. 루이 비통이 던지는 질문과 영감

가방 하나로 세상을 바꾼 루이 비통의 삶은, 한 장인의 성공을 넘어, 하나의 철학이 되었다. 불편함을 새로운 가능성으로 바꾸고, 결국 일상의 문화를 새롭게 만든 한 사람의 철학이자 태도다. 그가 없었다면 오늘날의 루이 비통도, 여행과 패션을 바라보는 우리의 시선도 달라졌을 것이다. 그렇다면 지금 우리에게 필요한 질문은 이것이다.

"일상의 작은 불편함 속에서 어떤 가능성을 발견할 수 있을까?"
"나는 어떻게 나만의 방식으로 삶을 디자인할 것인가?"

§ 『한 덩이 고기도 루이 비통처럼 팔아라』를 읽고 §
진짜 브랜드는, 자신만의 철학으로 만들어진다

1. 독서 동기

'브랜드'라는 단어를 들으면 대부분 루이 비통, 구찌, 롤스로이스처럼 값비싼 명품을 떠올린다. 나 역시 처음엔 그랬다. 그런데 『한 덩이 고기도 루이 비통처럼 팔아라』라는 이 책의 제목을 보는 순간, 머릿속이 번쩍였다. 고기나 두부처럼 평범한 물건을 어떻게 루이 비통처럼 판다는 걸까? '비싸게 파는 기술'을 말하는 게 아니라, 일상 속에서도 '나만의 가치'를 만들어 내는 방법을 알려줄 것 같았다. 물건을 넘어 '사람과 생각도 브랜드가 될 수 있다'는 메시지가 궁금해서 이 책을 선택했다.

2. 도서 요약(브랜드 여정 요약)

이 책의 핵심 키워드는 '하이엔드high-end'다. 하지만 저자가 말하는 하이엔드는 단순히 최고급 제품을 뜻하지 않는다. 그것은 '남들과 다르게 생각하고, 자신만의 길을 만들어 가는 태도'에 가깝다. 저자는 수많은 브랜드 사례를 통해 이 개념을 생생하게 보여 준다.

시계 브랜드 '웰더Welder'는 '미래에서 온 시계'라는 독특한 콘셉트로 전통적인 시계 시장을 뒤흔들었다. 우산 브랜드 '파소티Pasotti'는 생활용품을 예술 작품처럼 만들어 사우디아라비아 왕가에서 주문할 정도로 특별한 브랜드가 되었다.

자동차 브랜드 '람보르기니Lamborghini'는 "페라리와는 다르게, 더 좋게"라는 신념으로 자신만의 정체성을 구축했다.

이처럼 하이엔드 브랜드들은 '비싼 물건'을 만드는 것이 아니라, '대체 불가능한 가치'를 창조하는 과정을 거친다. 저자는 이것이야말로 브랜드의 본질이자, 우리가 추구해야 할 진짜 경쟁력이라고 강조한다.

3. 기억에 남는 문장

"3만 원짜리도 얼마든지 명품이 될 수 있다."

이 문장은 나에게 깊은 인상을 남겼다. 명품은 가격이 비싼 제품이 아니라, 자신만의 철학과 스토리를 가진 존재라는 뜻이다. 요즘 세상은 단순히 '저렴하게 빨리'가 아니라, '진심과 태도'를 중요하게 여긴다. 이 문장을 읽으며, 나도 언젠가 어떤 일을 하든 "그 사람답다."라는 말을 들을 수 있는 사람이 되고 싶다고 생각했다. 즉, 결과보다 '어떤 마음으로 일하는가'가 더 중요하다는 걸 깨달았다.

4. 책이 나에게 준 울림

이 책을 읽으며 '브랜드'의 의미를 완전히 새롭게 이해하게 되었다. 브랜드는 로고나 광고가 아니라, 자신의 정체성과 태도, 그리고 꾸준함이 만들어 내는 결과였다. 공부를 예로 들어 보면, 단순히 점수를 잘 받는 것이 중요한 게 아니라, 어떤 방식으로 배우고, 어떤 생각으로 문제를 푸느냐가 나만의 브랜드가 될 수 있다. 작은 행동 하나하나가 결국 나를 대표하게 된다는 생각이 들었다.

또한 책은 빠르게 변하는 세상 속에서도 자신의 철학을 지키는 사람이 결국 오래 살아남는다는 메시지를 전한다. 변화에 흔들리지 않되, 스스로의 가치를 끊임없이 발전시키는 것. 그것이 진짜 '하이엔드 인생'임을 느꼈다.

5. 추천 대상과 그 이유

이 책은 브랜드나 마케팅에 관심 있는 사람들만을 위한 책이 아니다. 자신이 어떤 사람으로 성장하고 싶은지 고민하는 모든 청소년에게 꼭 권하고 싶다. 왜냐하면 '상품을 명품으로 만드는 법'이 아니라, '자신을 명품으로 만드는 법'을 알려 주는 책이기 때문이다.

우리 각자에게는 고유한 이야기가 있고, 그 이야기를 어떻게 표현하느냐가 곧 우리의 브랜드가 된다. 이 책을 읽고 나면, 남의 기준이 아닌 나만의 방식으로 세상과 마주할 용기가 생긴다.

§ 루이 비통을 탐구하고 §
브랜드 탐구 보고서

1. 브랜드 기본 정보

브랜드 이름	루이 비통	브랜드 로고	**LV** LOUIS VUITTON
설립 연도	1952년	설립자	Louis Vuitton
브랜드의 국적 (출신 국가)	프랑스		
대표 제품/서비스	가방, 지갑 등 가죽 제품과 의류, 신발 등		

2. 브랜드 소개

　루이 비통은 1852년, 프랑스 파리의 작은 말레가에 위치한 트렁크 공방에서 시작되었다. 처음에는 고급 여행용 트렁크와 가죽 제품을 제작하며 고객에게 실용성과 품격을 갖춘 여행 경험을 제공했다. 이후 클래식한 디자인과 장인 정신을 바탕으로 다양한 가죽 제품과 패션 아이템으로 영역을 확장하며, 전 세계에서 가장 영향력 있는 럭셔리 브랜드 중 하나로 성장했다.

　오프라인 매장은 한국에서 서울 청담동 등을 중심으로 운영하고 있으며, 일부 매장은 단순한 쇼핑 공간을 넘어서 한정판 공개, 프라이빗 공간 제공 등 다양한 경험을 제공하고 있다. 해외에서는 프랑스 파리, 일본 오사카, 영국 런던, 미국 뉴욕 등 주요 도시마다 플래그십 스토어가 있다.

디지털 전환에도 꾸준히 힘쓰고 있다. 공식 웹사이트를 통해 가상 패션쇼 관람, 증강 현실로 제품 착용 미리 보기, 온라인 전용 컬렉션 구매 등의 다양한 서비스를 제공하고, 자체 제작한 브랜드 콘텐츠, 예술 컬래버레이션 영상, 디지털 카탈로그 그리고 NFT 등의 분야로도 확장해 디지털 시대에 맞춰 선보이고 있다.

단순히 명품을 판매하는 브랜드가 아닌, 고객에게 예술, 문화, 기술이 융합된 감각적인 경험과 삶의 가치를 제안하는 글로벌 하우스다.

3. 브랜드 철학과 가치

3-1. 브랜드의 철학과 가치

"여행의 품격을 높인다."라는 창립자의 비전을 바탕으로 세계적인 브랜드로 자리 잡았다. 추구하는 핵심 가치는 "장인 정신과 품질에 대한 집착"이다. 창립자 루이 비통은 여행용 트렁크를 제작하면서, 가능성과 미학을 동시에 고려한 혁신적인 디자인을 현재까지 이어 최고의 소재와 정밀한 기술을 적용한다.

3-2. 브랜드 슬로건: 여행으로의 초대 L'Invitation au Voyage

일상에서 벗어나 특별한 경험과 꿈을 선사하는 '여행 그 자체'를 디자인한다는 의미다. '여행'이라는 테마를 중심으로, 여행자를 위한 고품격 라이프스타일을 추구하며 우아함과 모험 정신의 조화를 보여 준다.

더 나아가 '여행'은 새로운 경험과 발견, 그리고 자유로움을 상징한다. 이는 루이 비통이 고객에게 전하고자 하는 메시지이자 가치다.

4. 브랜드 성장 과정

루이 비통은 1854년에 프랑스 파리에서 루이 비통에 의해 창립되었다. 당시 여행 가방을 제작하는 장인으로 시작해 1858년에는 평평한 트렁크 디자인을 도입해서 혁신적인 여행 가방을 선보였다. 그 시대에 트렁크 디자인은 둥근 형태의 트렁크가 일반적이었기에 차별화가 되어 큰 주목을 받았다.

1867년 파리 만국박람회에 참가해 국제적인 인지도를 얻었으며, 1876년에는 스트라이프 캔버스를 도입해서 브랜드의 아이코닉한 디자인을 확립했다. 1885년에는 영국 런던 옥스퍼드 거리에 매장을 열어 첫 해외 지점을 오픈했다. 1886년에 소매치기들이 가방을 쉽게 열지 못하도록 가방에 자물쇠를 부착하는 아이디어를 만들어 현재 요긴하게 쓰이고 있다.

1888년에 루이 비통의 상징적인 다미에 캔버스가 제작되었다.

창립자 루이 비통이 1892년에 세상을 떠나고 아들 조르주 비통이 회사를 이어받아 브랜드를 성장시켰다. 1896년에는 브랜드의 상징이 된 모노그램 캔버스를 출시했으며, 이후 1987년 프랑스의 명품 기업인 LVMH 그룹과의 합병을 통해 더욱 강력한 글로벌 브랜드로 자리 잡았다.

2023년에는 하우스 최고의 프리폴 패션쇼를 한강 잠수교에서 개최했다. 오징어 게임을 연출한 황동혁 감독과 협업해 2023~2024년 한국 방문의 해를 맞아 관광객과 시민들이 함께 즐길 수 있는 시민 참여 행사로 진행되었다.

최근에는 2025년 뷰티 라인을 새롭게 출시해, 패션뿐만 아니라 뷰티 분야에서도 영향력을 확대하고 있다. 현재 루이 비통은 패션, 가방, 액세서리, 신발, 시계, 보석 그리고 뷰티제품까지 다양한 분야에서 활동하는 세계적인 럭셔리 브랜드로 자리 잡고 있다.

5. 브랜드 특징 분석

루이 비통은 명품 패션 산업에서 독보적인 위치를 차지하는 브랜드로 여러 특징들이 있다.

먼저 루이 비통은 여행용 가방과 트렁크 제조에서 출발한 만큼 뛰어난 장인 정신과 내구성을 바탕으로 한 제품이기에 품질이 가장 큰 장점이다. 또한 브랜드 고유의 다미에와 모노그램 캔버스 패턴으로 전 세계 소비자에게 강한 시각적 인상을 심어 준다. 특히 모노그램 패턴은 위조 방지를 위해 세밀한 디자인과 소재 선택에 심혈을 기울여, 루이 비통만의 독창성과 고급스러움을 상징한다.

루이 비통은 전통과 혁신을 균형 있게 유지하며, 클래식한 디자인과 현대적인 트렌드를 조화 시키는 능력이 뛰어나다. 이는 유명 아티스트들의 협업과 컬렉션 출시를 통해서 잘 드러나며, 젊은 세대와의 소통과 브랜드 이미지 혁신을 지속적으로 추구하고 있다.

LVMH 그룹과 합병 이후에는 글로벌 네트워크 자본력을 바탕으로 전 세계 시장에서 공격적인 확장 전략을 펼치며, 패션뿐 아니라 액세서리, 시계, 보석, 뷰티 등 다양한 럭셔리 카테고리로 사업을 다각화해 브랜드를 확장시키고 있다.

마지막으로, 루이 비통은 고가 정책과 한정판 마케팅, 그리고 철저한 브랜드 관리로 희소성과 프리미엄 이미지를 유지하는 데 성공하고 있다. 매장 운영 역시 고급스러운 분위기와 최상의 고객 서비스를 제공해, 소비자들에게 특별한 경험을 선사하는 데 중점을 두고 있다.

6. 브랜드의 강점 및 차별점

- **뛰어난 품질과 장인 정신**
  루이 비통은 19세기 창립 초기부터 여행용 트렁크와 가방을 제작해 쌓아 온 기술력과 노하우를 바탕으로 고급 소재와 정교한 제작 과정을 고집한다. 이로 인해 제품 내구성이 뛰어나고 시간이 지나도 변하지 않는 클래식한 디자인을 유지할 수 있다. 이는 소비자들이 제품을 오랜 시간 신뢰하며 사용하는 이유 중 하나다.

- **독보적인 브랜드 아이덴티티**
  루이 비통은 모노그램 캔버스와 다미에 패턴은 전 세계적으로 인지도가 매우 높아, 브랜드의 상징을 자리 잡았다. 이러한 요소들은 위조 방지 기능과 함께 고유한 브랜드의 이미지를 형성해 경쟁 브랜드들과 차별화를 이룬다.

- **혁신적인 전통의 균형 유지**
  클래식한 디자인과 함께 현대적인 감각을 반영한다. 다양한 협업과 컬렉션을 꾸준히 선보이며, 젊은 세대와 소통하고 있다. 특히 무라카미 다카시, 버질 아블로 등 세계적인 아티스트들과의 협업을 통해 새로운 트렌드를 창출하는 동시에, 전통적인 브랜드 가치를 훼손하지 않는 점이 차별화된 강점이다.

7. 브랜드에 바라는 점 / 나의 제안

루이 비통이 환경을 생각하는 브랜드로 발전하면 좋겠다.

환경 오염 문제가 점점 더 중요해지고 있는 만큼, 루이 비통 같은 브랜드가 친환경 소재를 적극적으로 활용하고 이를 널리 알린다면, 많은 사람들이 환경의 소중함을 더 깊이 느끼게 될 것이라 생각한다. 또한 루이 비통이 가격을 조금 더 현실적으로 조정해 주길 바란다. 물론 명품 브랜드이기에 누구나 쉽게 살 수 있을 만큼 낮출 필요는 없다.

다만 회사에 성실히 다니며 노력하는 사람이라면, 1년에 한두 개쯤은 부담 없이 살 수 있는 제품이 나온다면 좋겠다.

루이 비통 같은 명품 브랜드를 손에 넣는다면 뿌듯함을 느낄 것이고, 그것이 개인의 만족을 넘어 사회적으로도 긍정적인 영향으로 이어질 수 있을 것이다.

8. 출처 정보

- 루이 비통 홈페이지(kr.louisvuitton.com)
- 흑수저였던 루이 비통이 세계적인 명품 브랜드를 만들 수 있었던 이유 / 팝콘뉴스. 2025.05.08.
- 루이 비통 가방을 소파와 조명으로 재해석한 디자이너는 누구? / ELLE. 2025.06.08.
- 루이 비통과 같은 명품, 국내서 나오기 힘든 이유 / 뉴스핌. 2023.03.28.
- 루이 비통 여행의 역사 '레전더리 루이 비통 트렁크 展' / 뷰어스. 2022.02.10.
- 이동철,《한 덩이 고기도 루이비통처럼 팔아라》, 오우아, 304쪽.

04

넷플릭스

세상을 스트리밍하다

넷플릭스는 기술과 창의력으로 이전에 없던 방식으로 세상을 스트리밍했다. 단순히 드라마나 영화를 제공하는 서비스가 아니라, 전 세계 사람들의 취향과 시간을 연결하는 거대한 플랫폼이자, 새로운 문화 흐름을 만들어 내는 무대. '스트리밍'은 멈추지 않고 흐르는 물처럼, 언제 어디서든 원하는 이야기를 만날 수 있다는 가능성을 뜻한다. 넷플릭스는 이 가능성을 극한까지 확장해 고객의 편의와 선택권을 최우선 가치로 삼았다. 그 결과 우리는 단순히 콘텐츠를 소비하는 데 그치지 않고, 넷플릭스를 통해 하나의 문화적 세계관 속에서 살아가게 되었다.

1. 작은 불편에서 시작된 질문

1997년, 미국 캘리포니아. 리드 헤이스팅스Reed Hastings는 비디오테이프 반납을 늦게 해서 40달러가 넘는 연체료를 물어야 했다. 그 순간 그는 불현듯 스스로에게 물었다.

"왜 영화를 보는 게 불편해야 하지? 더 자유롭고 편리한 방식은 없을까?"

이 질문은 곧 새로운 사업 아이디어로 이어졌다. 헤이스팅스와 동료 마크 랜돌프Marc Randolph는 '고객이 원할 때, 원하는 영화를 집에서 편하게 즐길 수 있는 방식'을 고민했다. 그 결과, 온라인으로 주문하면

DVD를 집으로 배달해 주는 'DVD 대여 서비스'가 세상에 등장했다. 이것이 바로 넷플릭스Netflix의 시작이었다.

2. 낯설지만 파격적인 실험

초창기 넷플릭스는 블록버스터 같은 대형 비디오 체인에 비하면 미약했다. 그러나 넷플릭스는 '연체료 없는 정액제 서비스'라는 파격적인 제도를 도입하며 고객의 마음을 사로잡았다.

이후 인터넷 기술이 발전하자 넷플릭스는 다시 한번 승부수를 던졌다. DVD를 우편으로 주고받는 대신, 온라인 스트리밍으로 영화를 제공하기 시작한 것이다. 클릭 한 번으로 언제 어디서든 영화를 볼 수 있다는 방식은 기존의 영화 소비 습관을 완전히 바꿔 놓았다.

하지만 새로운 길에는 늘 도전이 따른다. 할리우드 제작사들은 스트리밍을 탐탁지 않게 여겼고, 경쟁 서비스들도 속속 등장했다. 이에 넷플릭스는 과감히 또 다른 결정을 내렸다.
"남의 콘텐츠에 의존하지 말자. 우리가 직접 만들자."

2013년, 넷플릭스는 첫 오리지널 드라마 〈하우스 오브 카드〉를 공개했다. 방송국도, 영화관도 아닌 온라인 플랫폼이 세운 작품이 전 세계적인 성공을 거두자, 사람들은 넷플릭스를 새롭게 바라보기 시작했다. 넷플릭스는 더 이상 단순한 '대여 서비스 회사'가 아니라, 콘텐츠 제작사이자 혁신 기업으로 거듭났다.

3. 오늘날 넷플릭스의 모습과 가치

Netflix는 현재 190여 개국 이상, 3억여 명의 유료 가입자를 보유한 글로벌 엔터테인먼트 플랫폼으로 자리매김했다.

이러한 규모 뒤에는 단순한 유통 확장이 아닌, 명확한 플랫폼 철학이 자리하고 있다. 우선, Netflix는 "세계를 즐겁게 한다(To entertain the world)"라는 미션 아래, 콘텐츠의 지리적·언어적 경계를 허무는 것을 목표로 삼았다. 전 세계 이용자 누구나 자신만의 언어와 문화 속에서 콘텐츠를 즐길 수 있도록 접근성과 다양성을 지속적으로 확대해왔다.

또한 Netflix는 시간과 장소의 제약 없이 시청할 수 있는 편의성과 다양한 기기에서 끊김 없이 즐길 수 있는 유연한 환경을 바탕으로, '소비자가 매체에 맞추는' 방식이 아니라 매체가 소비자의 삶에 자연스럽게 스며드는 구조를 만들어냈다.

더 나아가, Netflix는 장르, 형식, 플랫폼에 있어서 지속적으로 실험을 거듭해 왔다. 드라마, 영화, 다큐멘터리, 게임화된 콘텐츠(인터랙티브 스토리) 등 다양한 형태의 스토리텔링을 통해 "새로운 세상을 경험하게 한다"는 가치를 실현하고 있다.

마지막으로, Netflix의 조직 문화와 운영 철학 역시 브랜드 가치와 맞닿아 있다. 자율성(Autonomy)과 책임(Freedom & Responsibility)을 핵심으로 삼고, 정보의 개방과 직접적인 소통, 다양성과 포용(Inclusion & Diversity)을 중요하게 여긴다. 이러한 문화는 서로 다른 문화권의 이야기가 자유롭게 표현되고, 플랫폼 위에서 생동감 있게 펼쳐질 수 있도록 하는 창의적 토대가 되고 있다.

이처럼 Netflix는 영상 콘텐츠를 제공하는 기업에 머무르지 않는다. 지금 이 순간에도 전 세계 수억 명의 시청자들이 "어디서나, 언제나, 나만의 방식으로" 세계 각지의 이야기를 접할 수 있게 한 플랫폼이다.

4. 사회에 미친 영향

넷플릭스는 영상 플랫폼을 넘어, 전 세계의 문화와 산업의 풍경을 근본적으로 바꿔 놓은 혁신의 주인공이다.

무엇보다 가장 큰 변화는 시청 습관의 혁명이다. 과거에는 방송국이 정한 편성표에 따라 프로그램을 봐야 했지만, 넷플릭스는 그 질서를 완전히 뒤집었다. 사람들은 이제 자신이 원하는 시간과 장소에서 영화를 보고, 드라마를 몰아보는 '온디맨드on-demand' 문화를 일상으로 받아들이게 되었다. 시청의 주도권이 제작자에서 소비자로 이동한 것이다.

둘째로, 넷플릭스는 콘텐츠의 세계화를 이끌었다. 한 나라의 드라마가 국경을 넘어 전 세계인의 사랑을 받는 일이 흔해졌다. 〈오징어 게임〉이나 〈기묘한 이야기〉 같은 작품은 언어와 문화를 넘어선 공감대를 만들어 내며, 세계인의 공통 화제를 형성했다. 이를 통해 문화의 다양성과 교류가 더욱 확장되었고, 글로벌 콘텐츠 시장의 경계 또한 희미해졌다.

마지막으로, 넷플릭스는 산업 구조의 혁명을 일으켰다. 기존의 방송국과 영화관 중심의 전통적 질서를 흔들고, 스트리밍을 중심으로 한 새로운 생태계를 구축한 것이다. 이 변화는 단순히 플랫폼의 교체에 그치지 않았다. 제작, 배급, 소비의 전 과정이 디지털로 재편되며, 영화와 방송 산업의 패러다임 자체가 바뀌었다.

이처럼 넷플릭스는 이제 하나의 기업을 넘어, 전 세계인의 문화와 사고방식을 바꾸어 놓은 글로벌 문화 플랫폼으로 자리 잡았다. 우리는 넷플릭스를 통해 단지 영상을 소비하는 것이 아니라, 시대의 변화를 경험하고 있는 셈이다.

5. 청소년에게 주는 질문과 영감

넷플릭스의 역사는 한 사람의 질문에서 시작했다.

"왜 영화를 보는 게 불편해야 하지?"

이 사소한 불편에 대한 문제의식이 세상을 바꿨듯, 넷플릭스는 오늘의 청소년에게도 질문을 던진다.

"내 일상에서 바꾸고 싶은 불편함은 무엇일까?"
"내가 느낀 세상을, 나만의 방식으로 어떻게 전할 수 있을까?"

작은 질문 하나가 큰 혁신으로 이어진다. 넷플릭스의 철학은 이렇게 속삭인다.

"작은 호기심과 용기 있는 도전이, 세상을 바꾸는 거대한 흐름이 된다."

§『넷플릭스하다』를 읽고 §
세상을 바꾼 건 '기술'이 아니라, '생각의 전환'이었다

1. 독서 동기

평소 넷플릭스를 자주 본다. 그런데 문득 궁금해졌다. "어떻게 넷플릭스는 전 세계 사람들이 매일 접속하는 플랫폼이 되었을까?"

DVD 대여 서비스로 시작한 회사가 지금은 영화관과 방송국을 모두 위협할 정도로 커졌다는 사실이 신기했다. 게다가 '넷플릭스하다 Netflixed'라는 말이 생길 정도로 기존 산업을 완전히 뒤바꿨다고 하니, 그 비결을 알고 싶었다. 그래서 4차 산업혁명 시대의 핵심 키워드로 불리는 넷플릭스를 분석한 이 책, 『넷플릭스하다』를 선택하게 되었다.

2. 도서 요약(브랜드 여정 요약)

이 책은 넷플릭스가 영상 플랫폼을 넘어 '혁신의 상징'이 되기까지의 과정을 다룬다. 1997년 DVD 우편 대여 서비스로 시작한 넷플릭스는 2007년 인터넷 스트리밍을 도입하며 'TV를 뒤집은 기업'으로 성장했다.

넷플릭스의 성공은 시장 점유율의 확장이나 가입자 수 증가에서 비롯된 것이 아니다. 이 회사의 성장 이면에는 데이터를 기반으로 한 전략적 판단과, 고객 중심의 철학, 그리고 개방적인 혁신 문화가 자리하고 있다.

먼저, 빅데이터의 활용은 넷플릭스의 핵심 경쟁력이다. 넷플릭스는 전 세계 수억 명의 이용자가 남긴 시청 기록과 선호 데이터를 분석해 각 개인에게 최적화된 콘텐츠를 추천한다. '하우스 오브 카드(House of Cards)'와 같은 오리지널 시리즈는 이러한 데이터 분석을 통해 시청자들이 선호할 만한 주제와 배우, 연출 방식을 예측해 기획된 대표적인 사례다.

둘째, 오리지널 콘텐츠 제작 전략은 넷플릭스를 단순한 배급 플랫폼에서 '콘텐츠 제작사'로 도약시켰다. 기존 방송사나 제작사가 만든 프로그램을 유통하는 대신, 자체적으로 기획·제작한 작품을 전 세계에 동시에 공개함으로써 글로벌 브랜드로 성장했다. 이러한 전략은 넷플릭스가 문화의 생산자이자 트렌드 리더로 자리매김하는 결정적인 계기가 되었다.

셋째, 고객 중심의 철학은 넷플릭스가 모든 경영 의사결정의 출발점으로 삼는 가치이다. 광고를 없애고, 시청 시간을 제한하지 않으며, 다양한 기기에서 끊김 없이 콘텐츠를 볼 수 있도록 한 이유도 모두 이용자 경험을 극대화하기 위함이다. 넷플릭스는 "시청자가 불편을 느끼지 않도록 하는 것"을 가장 중요한 혁신으로 본다.

마지막으로, 오픈 이노베이션(개방형 혁신)을 통해 외부 개발자와 기술 파트너, 콘텐츠 제작사와의 협력을 적극적으로 확대했다. 이를 통해 넷플릭스는 단순한 스트리밍 서비스를 넘어 기술, 예술, 데이터가 융합된 문화 기업으로 진화했다.

결국 넷플릭스의 혁신은 기술과 데이터에 기반을 두되, 그 중심에는 언제나 사람과 경험이 있다. 이러한 균형이 넷플릭스를 세계적인 플랫폼으로 성장시킨 진짜 비결이라 할 수 있다.

3. 기억에 남는 문장

"넷플릭스는 기술 회사가 아니라, 사람을 연구하는 회사다."

이 문장은 책을 다 읽은 뒤에도 오래 남았다. 겉으로 보면 넷플릭스의 성공은 스트리밍 기술 덕분인 것 같지만, 실제로는 '사람을 이해하는 힘'이 핵심이었다. 무엇을 좋아하고, 언제 시청을 멈추는지, 어떤 장르에 더 반응하는지를 세밀하게 분석해 서비스를 개선했다는 점에서, 단순히 영상을 보여 주는 회사가 아니라 '사람의 마음을 읽는 기업'이라는 생각이 들었다.

이 문장은 나에게도 '공부든, 일상이든 결국 사람을 이해하는 게 가장 큰 경쟁력이다.'라는 깨달음을 주었다.

4. 책이 나에게 준 울림

이 책을 통해 나는 '혁신'이란 새로운 기술을 발명하는 것이 아니라, 기존의 상식을 의심하고 깨뜨리는 용기에서 시작된다는 것을 배웠다. 넷플릭스는 처음부터 거대한 기업이 아니었다. 하지만 '정해진 틀'을 거부하고, 변화하는 세상에 스스로를 끊임없이 맞춰 나갔다. 그 결과 블록버스터를 무너뜨리고, 이제는 전 세계 사람들이 "넷플릭스하다"라는 말을 쓸 정도로 하나의 문화가 되었다.

또한 저자가 강조한 '고객 중심의 사고'는 그저 흔한 비즈니스에만 적용되는 것이 아니라, 공부나 인간관계에도 그대로 통한다고 느꼈다. 상대방의 입장에서 생각하고, 나만의 방식으로 문제를 해결하는 태도—

그것이 바로 넷플릭스식 혁신의 출발점이라는 생각이 들었다. 결국 혁신이란 세상을 바꾸기 전에 나 자신을 새롭게 보는 일이라는 깨달음을 얻었다.

5. 추천 대상과 그 이유

이 책은 미디어 산업이나 경영에 관심 있는 사람은 물론, 빠르게 변화하는 세상 속에서 자신만의 방향을 찾고 싶은 모든 청소년에게 추천하고 싶다. 넷플릭스의 이야기는 단순한 기업 성공기가 아니라, "생각을 바꾸면 세상이 달라진다."라는 강력한 메시지를 전한다. 기존의 방식에 안주하지 않고, 스스로 질문하고, 과감히 도전하는 사람— 그것이 바로 넷플릭스가 보여 준 진짜 혁신가의 모습이다.

넷플릭스가 세상을 '스트리밍'으로 바꿨다면, 이 책은 내 사고방식을 '업데이트'하게 만들었다. 앞으로 어떤 분야에서든 기술보다 사람을 이해하고, 틀을 깨는 용기를 지닌 사람이 되고 싶다.

§ 넷플릭스를 탐구하고 §
브랜드 탐구 보고서

1. 브랜드 기본 정보

브랜드 이름	넷플릭스	브랜드 로고	
설립 연도	1997년	설립자	리드 해스팅스Reed Hastings, 마크 랜돌프Marc Randolph
브랜드의 국적 (출신 국가)	미국		
대표 제품/서비스	온라인 스트리밍(구독형 비디오 온 디맨드, OTT 플랫폼)		

2. 브랜드 소개

　넷플릭스Netflix는 1997년 미국 캘리포니아에서 리드 해스팅스Reed Hastings와 마크 랜돌프Marc Randolph가 설립한 DVD 우편 대여 서비스로 출발했다. 당시만 해도 '비디오 가게에 가지 않고, 인터넷으로 영화를 빌려보는' 아이디어는 매우 혁신적이었다.

　하지만 넷플릭스는 거기서 멈추지 않았다. 인터넷이 발전하자마자 '스트리밍'이라는 새로운 방식을 도입하며, 언제 어디서나 클릭 한 번으로 영화를 볼 수 있는 세상을 열었다.

　현재 넷플릭스는 190개국 이상, 50개 언어로 서비스를 제공하며, "We are entertaining over half a billion people in more than 190 countries and 50 languages."라는 공식 소개 문구처럼 전 세계를 즐겁게 하는 글로벌 엔터테인먼트 브랜드로 성장했다.

넷플릭스는 영상 제공 플랫폼을 넘어, 자체 제작 콘텐츠Netflix Originals를 통해 하나의 문화현상을 만들어 내고 있다. 〈기묘한 이야기〉, 〈오징어 게임〉, 〈더 크라운〉 등은 이제 전 세계 사람들이 함께 이야기하는 공통의 '콘텐츠 언어'가 되었다.

기술과 디자인, 사용자 경험UX 개선에도 끊임없이 투자하면서 "사용자가 가장 쉽게, 가장 몰입해서 즐길 수 있는 경험"을 목표로 진화해 왔다. 그 결과, 넷플릭스는 '콘텐츠 + 기술 + 문화'를 결합한 가장 영향력 있는 OTT 플랫폼으로 자리 잡았다.

3. 브랜드 철학과 가치

넷플릭스의 철학은 한 문장으로 요약할 수 있다.

"우리는 세상을 즐겁게 하고 싶다We want to entertain the world."

이 짧고도 강렬한 문장 속에는 넷플릭스가 추구하는 모든 가치가 담겨 있다. '즐거움entertainment'을 나누는 것이 곧 사람들을 연결하는 일이라는 믿음이다.

넷플릭스는 자유와 책임freedom & responsibility을 핵심 가치로 삼는다. 직원들이 창의적으로 일할 수 있도록 자율성을 보장하되, 그만큼 스스로의 판단과 결과에 책임지는 문화를 갖고 있다. 실제로 넷플릭스는 "규칙보다 신뢰를, 통제보다 탁월함을" 강조한다.

또한 탁월함excellence, 혁신innovation, 용기courage, 자기 성장self-improvement을 중시하며, 이를 바탕으로 조직의 모든 구성원이 스스로 리더가 되는 환경을 조성한다.

넷플릭스의 '컬처 덱Culture Deck'은 전 세계 기업문화의 교과서처럼 회자된다. 여기에는 "우리는 뛰어난 동료와 함께 일하며, 회사보다 사명을 우선시한다.", "두려움보다 진실을 말할 용기를 가진다." 같은 구절이 담겨 있다.

이러한 가치들은 단순한 문장이 아니라, 실제 의사결정과 혁신의 기준이 되어 넷플릭스라는 브랜드를 움직이고 있다.

4. 브랜드 성장 과정

넷플릭스의 성장은 디지털 미디어 산업의 변화 그 자체였다.

1997년, 리드 해스팅스(Reed Hastings)와 마크 랜돌프(Marc Randolph)는 미국 캘리포니아에서 '비디오 대여의 불편함을 해결하자'는 아이디어로 DVD 우편 대여 서비스를 시작했다. 당시 넷플릭스는 오프라인 대여점 중심의 시장을 온라인으로 옮긴 혁신적인 모델이었으며, 주문 후 DVD를 우편으로 받아 시청하고 반납할 수 있는 방식을 도입했다. 이 실험은 곧 전통적인 비디오 대여 산업의 판도를 뒤흔들었다.

2007년, 넷플릭스는 DVD 우편 서비스에서 벗어나 인터넷 기반 '스트리밍 서비스'를 도입하며 또 한 번의 전환점을 맞았다. 이용자들은 더 이상 DVD를 기다릴 필요 없이, 온라인으로 즉시 영화와 드라마를 감상할 수 있게 되었다. 이 시점부터 넷플릭스는 '스트리밍'이라는 새로운 시청 문화를 정착시켰고, 기존 방송과 영화 산업의 유통 구조를 근본적으로 바꾸어 놓았다.

2011년부터 2013년 사이, 넷플릭스는 영상 플랫폼에서 콘텐츠 제작사로 진화했다. 2013년 공개된 〈하우스 오브 카드(House of Cards)〉는 넷플릭스가 자체 제작한 첫 오리지널 시리즈로, 비평적·상업적 성공을 모두 거두며 '넷플릭스 오리지널 시대'의 시작을 알렸다. 이후 〈오렌지 이즈 더 뉴 블랙〉, 〈기묘한 이야기〉 등 다양한 장르의 오리지널 콘텐츠가 연이어 등장하면서 넷플릭스는 '직접 콘텐츠를 만들고 전 세계에 유통하는' 새로운 미디어 모델을 완성했다.

2016년, 넷플릭스는 CES 2016 행사에서 130여 개국에 동시 진출을 발표하며 서비스 범위를 190개국 이상으로 확대했다. 이로써 "지구 어디서나 넷플릭스"라는 구호가 현실이 되었고, 세계 각지의 이용자들이 같은 시기에 동일한 콘텐츠를 즐기는 글로벌 플랫폼으로 자리 잡았다.

2020년대에 들어서 넷플릭스는 글로벌 시장 현지화 전략에 본격적으로 나섰다. 한국, 일본, 스페인, 인도 등 다양한 국가에서 자국 제작사와 협업하여 현지 콘텐츠를 제작·투자하며 문화적 다양성을 확대했다. 그 결과 〈오징어 게임〉(2021)은 세계 94개국에서 1위를 기록하며 비영어권 콘텐츠의 위상을 새롭게 정의했고, 〈더 글로리〉, 〈페이퍼 하우스〉, 〈기묘한 이야기〉 등은 글로벌 문화 현상으로 자리매김했다.

이처럼 넷플릭스는 DVD 대여 스타트업에서 세계 최대 스트리밍 기업으로 성장하며, '시청 문화를 바꾼 브랜드', 즉 "한 사람의 저녁 시간을 완전히 바꿔 놓은 회사"로 불리게 되었다.

5. 브랜드 특징 분석

넷플릭스가 다른 OTT 플랫폼과 구별되는 가장 큰 이유는 기술과 감성의 결합이다.

- **기술 중심의 UX 혁신**
  정교한 '추천 알고리즘'으로 사용자의 취향을 예측하고, 맞춤형 콘텐츠를 제시한다. 5초 후 자동 재생, 콘텐츠 미리 보기, 화면 중단

지점 저장 등 작은 기술들이 사용자의 몰입도를 높인다.

• **월정액 구독 모델**
광고 없이 한 달 요금으로 무제한 시청이 가능한, 일단 가입하면 자연스럽게 머물게 되는 서비스 구조를 만들었다.

• **글로벌 현지화 전략**
한국, 일본, 스페인, 인도 등 각국의 문화와 언어에 맞춘 오리지널 콘텐츠를 제작했다. 한류 드라마가 세계적으로 인기를 얻으면서, 오히려 넷플릭스가 한국 콘텐츠 산업의 '촉진자'가 되었다.

• **자체 제작 콘텐츠의 힘**
넷플릭스 오리지널은 넷플릭스가 직접 제작한 최고 수준의 콘텐츠다. 'N' 로고가 화면에 나타나는 순간, 시청자들은 자연스럽게 완성도 높은 작품을 기대한다. 이는 넷플릭스 오리지널이 넷플릭스를 대표하는 브랜드 그 자체이기 때문이다.

• **기업 문화 자체가 브랜드인 회사**
넷플릭스의 '자유롭고 성과 중심적인 조직문화'는 전 세계 기업들이 벤치마킹할 정도로 유명하다. 결국 넷플릭스는 기술+창의성+인간적 감동을 동시에 잡은 브랜드다.

6. 브랜드의 강점 및 차별점

넷플릭스의 철학은 기업 운영 전반에 녹아 있다. 먼저 강점 측면에서, 넷플릭스는 전 세계적으로 2억 명이 넘는 유료 구독자를 보유하며 규모의 경제를 실현하고 있다. 월정액 구독 모델을 통해 안정적인 수익 구조를 유지하고, 이를 기반으로 다양한 장르와 문화적 배경을 담은 폭넓은 콘텐츠를 제공한다. 또한 넷플릭스는 영상을 제공하는 데 그치지 않고, 기술과 사용자 경험을 지속적으로 혁신해 시청자가 더욱 몰입할 수 있는 환경을 만들어가고 있다.

차별점 측면에서 넷플릭스는 스트리밍 플랫폼을 넘어, 스스로를 "세상을 즐겁게 하는 엔터테인먼트 기업"으로 정의한다. 그 결과, 영화사나 방송국과는 다른 독창적인 글로벌 문화 브랜드로 자리 잡았다. 특히 내부의 가치와 조직 문화를 외부에 투명하게 공유함으로써 브랜드 철학이 곧 기업 정체성이라는 이미지를 확립했다. 이러한 접근 방식은 디즈니플러스, 아마존 프라임, 애플TV 등 경쟁 플랫폼과의 결정적인 차별점으로 작용하며, 넷플릭스가 단순한 콘텐츠 제공자가 아닌 문화적 경험을 만들어 가는 브랜드임을 보여 준다.

7. 브랜드에 바라는 점 / 나의 제안

넷플릭스는 이미 글로벌 미디어 시장에서 큰 성과를 이루었지만, 앞으로 더욱 발전하기 위해 몇 가지 점을 보완하고 강화할 필요가 있다. 먼저 지역별 콘텐츠 투자 확대와 문화적 다양성 강화가 중요하다. 한국, 인도, 라틴아메리카 등 각 지역의 창작자들과 협업을 확대해 "나를 위한, 우리 지역을 위한 넷플릭스 콘텐츠"라는 인식을 높인다면, 전 세계 시청자들과의 유대감이 한층 더 깊어질 것이다.

또한 사용자 경험의 개인화와 커뮤니티 기능 강화도 필요하다. 콘텐츠가 많아질수록 사용자가 선택의 부담을 느낄 수 있는데, 추천 알고

리즘의 투명성을 높이고 개인 맞춤형 UI를 개선하며, 사용자 간 감상 후기 공유나 친구 추천과 같은 커뮤니티 기능을 강화하면 충성도 높은 사용자층을 확보할 수 있다.

지속 가능한 콘텐츠 생태계를 구축하는 것도 중요하다. 콘텐츠 제작은 비용이 많이 드는 사업이므로, 제작자와 창작자들이 장기적으로 안정적이고 지속 가능한 환경에서 창작할 수 있도록 공정한 수익 배분 구조와 지원 프로그램을 강화하면 브랜드 이미지에도 긍정적인 영향을 줄 수 있다.

마지막으로 브랜드 윤리와 사회적 책임 강화도 필요하다. 글로벌 브랜드로서 넷플릭스는 콘텐츠의 다양성과 포용성을 존중하고, 표현에 대한 책임을 분명히 해야 한다. 이를 통해 사회적 영향력을 긍정적으로 행사하며, 미디어 기업을 넘어 책임 있는 글로벌 엔터테인먼트 브랜드로 자리매김할 수 있을 것이다.

8. 출처 정보

- 넷플릭스 홈페이지(netflix.com).
- '혁신과 공정' 넷플릭스 단상 / 머니투데이. 2021.07.01.
- 넷플릭스, 'K-콘텐츠'에 5,500억 투자하는 이유 / 시사위크. 2021.02.25.
- 바야흐로 온라인 스트리밍 시대 / 에스콰이어. 2019.12.04.
- 코로나19 최대 수혜자. 넷플릭스 디지털혁신의 비법 / YTN. 2020.10.23.
- 규칙 대신 '더 많은 자유와 책임'… 속도·혁신 극대화 / 국민일보. 2024.08.20.
- 문성길,《넷플릭스하다》, 스리체어스, 148쪽.

05

애플

세상을 디자인한
혁신의 아이콘

지금, 우리의 손안에 있는 작은 사각형(아이폰)은 전화기 이상의 존재다. 그 안에는 음악을 듣고, 세상과 소통하고, 사진을 찍고, 업무를 처리하는 하나의 '작은 우주'가 담겨 있다. 그 우주의 이름이 바로 애플 Apple이다.

1976년, 캘리포니아 쿠퍼티노의 허름한 차고에서 시작된 작은 실험은 불과 반세기 만에 전 세계를 연결하는 거대한 문화로 성장했다. 당시 스무 살 남짓한 청년 스티브 잡스Steve Jobs와 스티브 워즈니악Steve Wozniak은 "컴퓨터를 소수의 전문가가 아닌, 모든 사람의 손에 넣게 하자."라는 꿈을 꾸었다.

"컴퓨터는 전문가의 전유물이 아니라, 모든 사람의 손에 닿아야 한다."

그 믿음이 낡은 작업대 위에서 Apple I이라는 단 하나의 회로판으로 현실이 되었고, 그 순간부터 인류의 일상은 천천히, 그러나 확실히 바뀌기 시작했다.

1. 창립의 순간 – 차고에서 피어난 혁명

1976년 봄, 캘리포니아 쿠퍼티노의 한 주택 차고에서 세 명의 젊은이가 작은 전자기판을 붙들고 있었다. 스티브 잡스, 스티브 워즈니악, 그리고 론 웨인. 그들의 시작은 거대한 기업을 세우겠다는 야망이 아니라, "컴퓨터를 더 많은 사람에게 접근 가능하게 하자(Accessible to everyone)"는 단순하지만 강한 믿음이었다. 당시 컴퓨터는 대학 연구소나 대기업에서만 다루던 거대한 기계였고, 개인이 소유하기엔 너무 비싸고 복잡했다.

잡스는 기술이 예술처럼 사람의 삶을 바꿀 수 있다고 믿었다. 그는 "기술과 인문학의 교차점에서 혁신이 탄생한다."라고 말하곤 했다. 워즈니악이 천재적인 엔지니어였다면, 잡스는 세상을 설득하는 비전가였다. 두 사람의 만남은 그야말로 '창의와 현실의 충돌'이었다. 그들의 첫 작품인 애플 I은 손수 만든 회로판이었지만, 개인용 컴퓨터 시대의 문을 여는 신호탄이 되었다.

2. 도전과 위기 – 성공 뒤의 추락

애플은 1984년 '매킨토시'를 출시하며 세상을 놀라게 했다. 그래픽 사용자 인터페이스GUI와 마우스를 처음 도입해 '누구나 쉽게 쓸 수 있는 컴퓨터'를 현실로 만든 것이다. 그러나 혁신은 언제나 순탄치 않았다. 시장은 아직 준비되지 않았고, 고가 정책과 내분으로 애플은 위기에 빠졌다. 결국 1985년, 창립자 스티브 잡스는 자신이 세운 회사에서 쫓겨났다.

그 후 애플은 방향을 잃었다. 매킨토시의 영광은 오래가지 않았고, IBM과 마이크로소프트가 시장을 장악했다. 한때 세계를 뒤흔들던 브랜드는 점점 잊혀 갔다. 하지만 역설적으로, 이 위기가 훗날 애플의 부활을 위한 긴 숨 고르기였다.

3. 부활 – 다시 돌아온 잡스와 'Think Different'

1997년, 12년 만에 잡스가 애플로 복귀했다. 회사는 파산 직전이었지만, 그는 놀랍도록 침착했다. "우리는 단순하게 생각해야 합니다. 핵심은 기술이 아니라 인간입니다." 그는 복잡한 제품 라인을 대폭 줄이고, 디자인과 사용자 경험에 집중했다.

그의 복귀와 함께 등장한 광고 캠페인 "다르게 생각하라(Think Different,)"는 한 문장을 넘어선 철학적 선언이었다. 세상을 바꾼 이들(아인슈타인, 마틴 루서 킹, 간디 등)처럼, 애플도 세상을 '다르게 보는' 사람들을 위한 브랜드임을 천명한 것이다.

이후 아이맥, 아이팟, 아이폰, 아이패드가 연달아 출시되며 애플은 다시금 혁신의 상징으로 부활했다. 특히 아이폰(2007)은 휴대폰의 개념 자체를 바꾸었다. 물리 버튼 대신 터치스크린, 통화 대신 '앱'을 중심으로 한 사용자 경험은 인류의 일상 방식을 송두리째 바꾸어 놓았다.

4. 오늘의 애플 – 기술과 철학의 조화

오늘날 애플은 전자기기를 만드는 기업을 넘어, 디자인·음악·건강·환경 등 삶의 모든 영역에 스며든 문화 브랜드로 성장했다.

아이폰과 맥북, 애플워치, 그리고 서비스 생태계인 아이클라우드iCloud와 애플뮤직Apple Music은 '하나의 우주'를 이룬다. 사용자는 애플의 제품을 산다기보다, '경험'을 구매한다. 이 모든 것은 잡스가 남긴 철학 "단순함이 궁극의 정교함이다."에서 비롯되었다.

현재 CEO 팀 쿡은 그 정신을 '지속 가능성'으로 확장하고 있다. 애플은 2030년까지 탄소 중립을 달성하겠다고 선언했고, 재활용 소재로 제품을 생산하며, 공장과 사무실 전력을 100퍼센트 재생에너지로 전환하고 있다. 기술과 환경의 조화를 추구하는 새로운 시대의 기업으로 진화한 것이다.

5. 사회에 남긴 흔적 – 혁신이 바꾼 인간의 삶

애플의 역사는 제품의 진화가 아니라, 인류의 삶의 방식이 바뀐 이야기다. 아이폰은 세상을 연결했고, 앱스토어는 개인이 콘텐츠를 만들고 수익을 얻는 길을 열었다. 음악 산업의 판도를 바꾼 아이튠즈는 음악을 '소유'에서 '경험'으로 바꾸어 놓았다. 애플은 또한 "디자인은 기능을 돕는 아름다움이다"라는 철학을 세상에 확산시켰다. 깔끔한 하얀색 상자, 간결한 선, 직관적인 인터페이스— 그것은 겉모습의 미학이 아니라, 사용자를 중심에 둔 사고방식이었다.

6. 청소년에게 던지는 질문, 나만의 '다르게 생각하기'

애플의 이야기는 결국 한 가지 질문으로 돌아온다.

"당신은 세상을 어떻게 다르게 볼 것인가?"

스티브 잡스는 말했었다.

"세상을 바꿀 수 있다고 믿는 미친 사람들이 결국 세상을 바꾼다."

이 말은 기업가만을 위한 문장이 아니다. 자신이 좋아하는 것을 믿고, 남들과 다른 관점으로 세상을 바라보는 청소년 모두에게 해당된다.

애플의 역사는 완벽해서가 아니라, 실패를 두려워하지 않았기에 가능했다. 창의력은 정답을 맞히는 능력이 아니라, 틀릴 각오로 새로운 길을 내는 용기에서 시작된다.

§ 『아이클라우드, 그다음의 충격』를 읽고 §
기술보다 사람을 향한 혁신의 철학

1. 독서 동기

스티브 잡스는 스티브 잡스는 기업가를 넘어, 세상을 새롭게 바라보게 만든 혁신가로 알려져 있다. 그래서 『아이클라우드, 그다음의 충격』이라는 책 제목을 보자마자 궁금했다. 우리가 매일 사용하는 '아이클라우드'가 자료를 보관하는 서비스를 넘어, 애플이 꿈꾸는 미래 세상의 출발점이라니. 그게 무슨 뜻일까? 잡스가 떠난 후에도 여전히 애플이 세상을 움직이는 이유가 무엇인지 알고 싶어서 이 책을 선택했다.

2. 도서 요약(브랜드 여정 요약)

이 책은 애플이 걸어온 길과 앞으로의 미래를 다섯 부분으로 나누어 설명한다.

먼저 1부에서는 스티브 잡스의 철학을 통해 애플이 IT기업을 넘어 '감성을 디자인하는 회사'가 된 이유를 짚는다. 기술이 아니라 인간의 감정을 이해하려 했던 잡스의 관점이 인상적이었다.

2부에서는 애플이 미래를 위해 다양한 회사를 인수하며 생태계를 넓혀온 과정을 보여 준다. 애플의 목표는 단순히 제품을 파는 것이 아니라, 사람들의 '생활'을 애플 안으로 끌어들이는 것이었다.

3부에서는 아이폰, 아이패드, 애플TV 같은 기기들이 서로 연결되어

'애플랜드'라는 거대한 세계를 만들어 가는 모습을 설명한다.

4부는 이 책의 핵심인 '아이클라우드'에 대한 이야기다. 저자는 아이클라우드를 "제품을 바꾸는 기술이 아니라, 세상을 바꾸는 철학"이라고 말한다. 사용자가 기술을 의식하지 않아도 자연스럽게 연결되는 세상, 그것이 애플이 꿈꾸는 미래였다.

마지막 5부에서는 잡스 이후에도 애플이 지속적으로 혁신할 수 있는 이유, 그리고 그를 넘어설 수 있는 가능성에 대해 이야기한다.

3. 기억에 남는 문장

"애플은 제품을 바꾸는 것이 아니라, 세상을 바꾸려 한다."

이 문장을 읽고, 나는 '혁신'이라는 단어의 의미를 다시 생각하게 되었다. 새로운 기술이나 기능을 만드는 것보다, 사람들의 생각과 행동을 바꾸는 것이 진짜 혁신이라는 점이 마음에 남았다. 또 "클라우드가 진짜 클라우드가 되려면 사용자가 기술을 의식하지 않고 써야 한다."라는 문장도 흥미로웠다. 기술이란 눈에 띄는 것이 아니라, 보이지 않게 삶 속에 녹아드는 것이라는 의미가 깊었다.

4. 책이 나에게 준 울림

이 책을 읽으면서 혁신은 결국 '통찰'에서 시작된다는 것을 느꼈다. 잡스가 만든 제품이 성공한 이유는 화려한 기술 때문이 아니라, 사람들이 진짜로 원하는 것을 누구보다 먼저 알아챘기 때문이다.

'아이클라우드'라는 개념도 마찬가지였다. 단순히 데이터를 저장하는 공간이 아니라, 우리의 삶 전체를 연결하는 플랫폼으로 발전했다. 저자가 말한 "애플 안에 사는 세상"은 마케팅 문장이 아니라, 우리가 살아가는 디지털 시대의 방향을 보여 주는 말처럼 느껴졌다.

이 책을 통해 나는 기술을 배우거나 새로운 아이디어를 구상할 때 '무엇을 만들까'보다 '누구를 위해 만들까'를 먼저 생각해야 한다는 점을 깨달았다. 결국 기술의 중심에는 언제나 사람이 있어야 한다는 것을 깊이 느꼈다.

5. 추천 대상과 그 이유

이 책은 미래 기술이나 IT 기업에 관심 있는 친구들뿐만 아니라, '생각하는 힘'을 키우고 싶은 모든 청소년에게 추천하고 싶다. 『아이클라우드, 그다음의 충격』은 애플의 성공담을 넘어, 세상을 바꾸는 사람들의 사고방식과 변화를 두려워하지 않는 태도를 일깨워 주는 책이다.

저자가 말한 "패러다임이 바뀌는 순간이 곧 기회다."라는 문장은 나에게 큰 울림을 주었다. 익숙한 것에 안주하지 않고, 새로운 시각으로 세상을 바라볼 때 진짜 혁신이 시작된다는 메시지처럼 느껴졌기 때문이다.

아이클라우드가 세상의 방식을 바꿨듯, 나도 앞으로 살아가면서 기술보다 사람을 이해하는 시각을 가진 사람, 세상의 변화를 두려워하지 않는 사람이 되고 싶다.

§ 애플을 탐구하고 §
브랜드 탐구 보고서

1. 브랜드 기본 정보

브랜드 이름	애플 Apple	브랜드 로고	
설립 연도	1976년	설립자	스티브 잡스, 스티브 워즈니악, 로널드 웨인
브랜드의 국적 (출신 국가)	미국		
대표 제품/서비스	핸드폰, 무선 이어폰, 패드		

2. 브랜드 소개

애플은 미국 캘리포니아주 쿠퍼티노에 본사를 둔 세계적인 정보기술 기업으로, 혁신적인 하드웨어와 소프트웨어, 그리고 독창적인 사용자 경험을 기반으로 글로벌 브랜드 가치를 구축해 왔다. 1976년 스티브 잡스와 스티브 워즈니악, 로널드 웨인은 개인용 컴퓨터를 대중에게 보급하고자 애플을 창립했다. 작은 차고에서 시작된 이 회사는 몇십 년 사이 세계에서 가장 영향력 있는 테크 기업으로 성장했다.

애플의 대표 제품으로는 아이폰, 아이패드, 애플워치, 에어팟 등이 있으며, 사용자는 애플 기기들을 통해 끊김 없는 경험을 누릴 수 있다. 또한 이는 애플 브랜드가 추구하는 '심플함'과 '일관성'의 철학이 잘 반영된 결과다.

"다르게 생각하라."라는 애플의 오랜 슬로건처럼, 이 브랜드는 언제나 새로운 방식으로 문제를 해결하고, 기존의 틀을 넘어서는 혁신을 추구해 왔다.

특히 제품의 기능뿐 아니라 형태와 감성까지 고려한 디자인 철학은 업계의 기준을 바꿔 놓았고, 애플만의 정체성을 더욱 공고히 했다.

또한 애플은 개인정보 보호, 접근성 확대 등 사회적 책임을 중시하는 기업으로도 알려져 있다. 이는 단순히 기술을 넘어, 브랜드가 지향해야 할 가치에 대해 끊임없이 질문하고 실천해 온 결과다.

오늘날 애플은 전 세계 수많은 사용자들에게 단순한 전자기기 브랜드를 넘어 하나의 라이프스타일을 제안하는 존재로 자리 잡고 있다. 혁신, 디자인, 사람에 대한 깊은 이해가 어우러진 애플의 행보는 앞으로도 계속해서 주목받을 것이다.

3. 브랜드 철학과 가치

- **단순함**
  애플의 디자인과 사용자 경험을 관통하는 가장 중요한 가치 중 하나는 단순함이다.
  복잡한 기술을 누구나 쉽게 사용할 수 있도록 풀어내는 것이 애플 제품의 가장 큰 특징이다.

이는 인터페이스, 제품 구성, 마케팅 메시지 등 모든 요소에 일관되게 적용된다. 잡스는 단순함을 '정교함의 궁극적인 형태'라고 표현한 바 있다.

- **사용자 중심**
  애플은 언제나 사용자의 입장에서 생각한다. 제품을 설계할 때 기술 스펙보다 사용자 경험을 우선시하며, 이는 제품을 처음 접하는 순간부터 사용하는 모든 과정까지 반영된다.
  애플의 모든 기기는 서로 유기적으로 연결되어 자연스러운 흐름과 몰입감을 제공한다.

- **차별성과 정체성**
  애플은 "다르게 생각하라."라는 슬로건 아래, 늘 기존의 틀에 도전하고 새로운 시각을 제시해 왔다. 이는 단지 광고 문구에 그치지 않고 제품 디자인, 브랜드 커뮤니케이션, 심지어 매장 운영 방식에도 반영된다. 다수의 의견보다는 창의적이고 비판적인 사고를 독려하며, 이를 통해 자신만의 독보적인 브랜드 정체성을 구축해 왔다.

4. 브랜드 성장 과정

애플은 1976년 스티브 잡스, 스티브 워즈니악, 로널드 웨인이 창업한 이후, 기술과 디자인, 사용자의 경험을 중심으로 브랜드를 성장시켜 왔다. 초기에는 개인용 컴퓨터 '애플 1'과 '애플 2'를 통해 기술 기업으로서의 기반을 다졌다. 1984년 출시된 '매킨토시'는 그래픽 사용자 인터페이스와 마우스를 도입하며 사용자 친화적인 브랜드로 인식되기 시작했다.

1997년, 스티브 잡스가 복귀한 이후 애플은 다시 브랜드 정체성을 강화하며 전환점을 맞았다.

'Think Different' 캠페인을 통해 차별성과 창의성을 강조했고, 디자인과 기술을 결합한 아이맥으로 브랜드의 새로운 방향성을 제시했다.

2021년 출시된 아이팟은 단순한 음악 플레이어가 아닌 디지털 라이프 스타일 브랜드로의 확장을 의미했으며, 2007년 아이폰은 스마트폰 시장을 새롭게 정의하며 애플 브랜드를 세계적인 위치로 끌어올렸다. 같은 해, 사명에서 'Computer'를 제거하며 종합 IT 기업으로의 변화도 공식화했다.

이후 애플은 아이패드, 애플워치, 에어팟 등 제품군을 넓혔다. 또한 애플 뮤직, 아이클라우드, 애플 티비 등 서비스 영역에서도 확장하며 기술을 넘어 '경험 중심 브랜드'로 자리 잡았다.

5. 브랜드 특징 분석

애플은 IT 기업을 넘어, 기술과 디자인, 감성적 경험이 결합된 브랜드로 자리매김해 왔다. 그 성공의 배경에는 몇 가지 뚜렷한 브랜드적 특징이 있다.

첫째, 강력한 브랜드 스토리와 철학이다. 애플은 'Thimk Different'라는 메시지를 통해 차별화된 사고와 창의성을 브랜드의 핵심으로 강조해 왔다. 이 철학은 단지 마케팅 메시지에 머무르지 않고, 실제 제품 개발과 기업 문화 전반에 깊이 반영되어 있다.

둘째, 브랜드 생태계의 형성이다. 애플은 하드웨어, 소프트웨어, 서비스가 긴밀히 연결된 독자적인 생태계를 구축했다. 사용자는 아이폰, 맥, 애플워치, 아이패드, 에어팟 등 다양한 기기를 매끄럽게 연동해 사용할 수 있으며, 이는 브랜드 충성도를 높이는 핵심 요소로 작용한다.

마지막으로, 사회적 가치에 대한 책임감도 점점 중요한 브랜드 특징으로 부각되고 있다.
애플은 개인정보 보호, 친환경 기술 등 윤리적 기업 이미지를 강조하며, 좋은 제품을 만드는 것을 넘어 믿을 수 있는 브랜드로 자리 잡고 있다.

6. 브랜드의 강점 및 차별점

애플은 수많은 글로벌 브랜드 가운데에서 독보적인 위치를 점하고 있으며, 그 중심에는 명확한 강점과 차별화된 전략이 존재한다.

첫째, 사용자 중심의 직관적인 경험은 애플만의 차별화된 강점이다.
애플 제품은 누구나 복잡한 설명 없이 사용할 수 있을 만큼 직관적이며, 여러 기기가 자연스럽게 연결되어 하나의 통합된 경험을 제공한다. 이는 기술보다 사람을 우선시하는 애플의 철학에서 비롯된 결과다.

둘째, 브랜드 일관성이 뛰어나다는 것이다. 제품의 외형부터 소프트웨어 디자인, 광고 메시지, 심지어 매장 인테리어까지 애플은 모든 접점에서 하나의 철학과 감성을 유지한다. 이러한 일관성은 소비자에게 신뢰를 주고, 브랜드 인식을 명확하게 각인시키는 데 큰 역할을 한다.

마지막으로, 애플은 브랜드에 대한 신뢰와 사회적 책임 의식에서도 강점을 보이고 있다.
개인정보 보호에 대한 확고한 원칙과 친환경 소재 사용을 위한 지속적인 노력을 통해, 애플은 소비자들에게 윤리적이고 책임 있는 브랜드라는 인식을 심어 주고 있다.
이는 기술 기업으로서 드문 차별점이자, 브랜드 가치에 깊이를 더하는 요소다.

7. 브랜드에 바라는 점 / 나의 제안

애플은 이미 뛰어난 기술력과 디자인, 사용자 경험으로 전 세계적으로 사랑받는 브랜드다. 하지만 완벽한 브랜드란 없듯, 앞으로 더 나아지길 바라는 부분도 있다.

우선, 애플의 강력한 생태계는 큰 장점이지만, 때로는 폐쇄적이라는 인상을 주기도 한다.
다양한 플랫폼과 호환성이 제한적이기 때문에 사용자들이 자유롭게 선택할 수 있는 폭이 좁아지는 아쉬움도 있다. 따라서 일부 기능과 서비스를 타 플랫폼과 더 넓게 연결해서 사용자의 편의성을 높이고 브랜드의 접근성을 확장했으면 좋겠다.

또한, 고급스러운 이미지와 품질에 비해 상대적으로 높은 가격대는 많은 소비자에게 진입장벽으로 작용한다. 중저가 제품을 확대해 더 다양한 소비자가 애플을 누릴 수 있도록 한다면, 브랜드의 영향력은 한층 커질 것이다.

8. 출처 정보

- 애플 홈페이지(대한민국)(apple.com/kr).
- 'Think Different!', 공간도 다르게 생각하는 애플 / 동아일보. 2025.06.09.
- 스티브 잡스 "혁신은 리더와 경영자를 가름하는 것" / 전자신문. 2011.10.06.
- 엘리엇 "잡스less' 애플, 향후 5년은 혁신기업" / 한경닷컴. 2011.11.09.
- 트립 미클, 《애프터 스티브 잡스》, 더퀘스트, 612쪽.
- 스티브 잡스가 애플에 남긴 흔적들! / 아이뉴스24. 2011.10.06.
- "애플 회사철학은 피카소와 마찬가지…단순화된 본질이 핵심" / 연합뉴스. 2014.08.12.
- 공병환, 《아이클라우드, 그다음의 충격》, 넥서스BIZ, 248쪽.

06

스타벅스

커피 한 잔에 담긴 성공 신화

다른 사람들보다 더 세심하되 지혜롭게 생각하라.
다른 사람들보다 더 모험을 하되 안전을 생각하라.
다른 사람들보다 더 많은 꿈을 꾸되 현실적으로 생각하라.
다른 사람들보다 더 기대하되 가능성을 생각하라.

이러한 가치들은 스타벅스가 걸어온 길을 잘 보여준다.

한 잔의 커피를 넘어 삶의 여유와 사람 사이의 연결을 만들어낸 브랜드, 스타벅스는 비즈니스의 성공보다 사람을 중심에 둔 철학으로 성장해 왔다. 지속 가능한 경영, 진정성 있는 서비스, 그리고 따뜻한 공간에 대한 끊임없는 고민이 오늘날 스타벅스를 전 세계가 사랑하는 문화 브랜드로 자리매김하게 했다.

커피 한 잔의 가치에 철학을 더한 기업, 그것이 바로 스타벅스다.

1. 스타벅스의 시작

오늘날의 스타벅스는 두 모체에서 탄생했다. 1971년, 스타벅스의 시작은 '좋은 커피란 무엇인가'를 알리고, 한 사람 한 사람의 고객에게 세계 수준의 커피를 전하겠다는 헌신에서 비롯되었다. 다른 하나는 하워드 슐츠로부터 시작된 비전과 가치, 그리고 커피와 로맨스를 섞는 과감한 시도였다.

"나는 사업에서 성공할 수 있는 어떤 비결도, 간단한 계획도 말해 줄 수 없다. 다만 무에서 출발해 꿈 이상의 것을 성취해 냈다는 것을 경험으로 보여 줄 수 있을 뿐이다."

하워드 슐츠는 1953년 뉴욕 브루클린의 빈민가에서 태어났다. 어린 시절 그는 운동을 좋아하는 활달한 아이로 유대인, 이탈리아인, 흑인 등 다양한 친구들과 스스럼없이 어울려 지내곤 했다. 또한 어머니로부터 도전 정신과 예기치 않은 상황에 대처하는 용기를 배웠으며, 미식축구팀의 주전 선수로 활동해 장학금을 받기도 했다. 대학에서 커뮤니케이션을 전공한 슐츠는 졸업 후 제록스사에 취직해 세일즈맨 교육프로그램을 이수했다. 그는 매일 잠재 고객들에게 50통씩 전화를 걸고, 맨해튼 한가운데의 수많은 사무실 문을 두드렸다. 당시 유행하던 워드프로세서를 팔기 위해 세일즈 화법을 개발해야 했는데, 그는 그 일에 매력을 느끼게 되었다. 슐츠는 늘 주목받기를 갈망하며 최고가 되고자 노력했다. 다양한 일들을 극복해 나가며 세일즈맨의 모범이 되었고, 결국 프로 세일즈맨으로서 성공하게 된다.

2. 하워드 슐츠와 스타벅스

1979년, 쉴 새 없이 바쁘면서도 더 큰 도전을 갈망하던 슐츠는 친구의 얘기를 듣고 '퍼스토프Perstorp'라는 스웨덴 회사의 자회사 '해머플라스트Hammarplast'에서 일하게 된다. 그 경험은 쉽지 않았지만, 오히려 슐츠는 스타벅스가 자신의 마음과 상상력을 진정으로 사로잡은 회사라는 것을 깨닫게 되었다.

1981년, 해머플라스트에서 근무하던 그는 시애틀의 조그만 소매업체가 이례적으로 한 종류의 드립식 커피 추출기를 대량 주문하는 현상을 발견했다. 궁금증이 생긴 슐츠는 그 회사를 조사하기 위해 시애틀로 향했다. 그 소매업체가 바로 스타벅스였다. 그는 업무차 방문했지만, 그곳의 깊고 진한 원두커피 맛에 큰 감명을 받았다. 당시 시애틀에서 이렇게 품질 좋은 원두커피를 판매하는 곳은 스타벅스가 거의 유일했다.

이 경험은 슐츠에게 커피에 대한 깊은 호기심을 불러일으켰고, 그는 스타벅스에서 일하고 싶다는 결심을 하게 되었다. 스타벅스 공동 창립자 제리 볼드윈과 고든 보커의 창업 이야기를 들은 후, 그는 더욱 확신을 갖게 되었다. 제리가 그의 아이디어가 스타벅스의 철학과 다를 수 있다고 우려했지만, 슐츠는 1년 가까이 끈질기게 설득했고 결국 제리는 그의 열정을 인정해 스타벅스의 일원으로 받아들였다.

3. 일 지오날레, 그리고 새로운 스타벅스

스타벅스에서 일하게 된 슐츠는 회사의 약점을 발견했다. 커피 그 자체는 훌륭했지만, 최고 품질의 커피에 대한 자부심에서 나오는 서비스는 다소 불친절했고, 심지어 폐쇄적이라고 느꼈다. 그는 '어떻게 하면 더 많은 사람들이 고급 커피를 즐길 수 있을까'를 고민했고, 이탈리아 밀라노로 출장을 떠나게 된다. 그곳에서 슐츠는 커피 하우스가 사람들 간의 소통의 중심이 되는 모습을 직접 목격했다. 이 경험은 그에게 강렬한 영감을 주었고, 특히 '카페라테'라는 새로운 아이템은 그에게 확신을 심어 주었다.

하지만 귀국 후 제리의 반대에 부딪혔다. 제리는 '피츠 커피 앤 티' 인수에만 관심을 보였고, 종업원들의 요구에도 무관심했다. 이 일로 회사 내부의 신뢰가 흔들렸고, 슐츠는 그때 처음으로 회사와 직원 간의 믿음과 신뢰가 얼마나 중요한지 깨닫게 되었다.

여러 갈등과 논의 끝에, 제리는 결국 에스프레소 바의 시범 운영을 허가했고, 그 결과는 놀라울 만큼 성공적이었다. 그러나 슐츠는 제리와 자신이 꿈꾸는 커피 사업의 방향이 다르다는 것을 실감했다. 그는 매번 새로운 아이디어를 제시하며 스타벅스가 더 다양한 시도를 통해 성장하길 바랐지만, 제리는 그것이 스타벅스의 본질에서 벗어난다고 생각했다. 결국 슐츠는 스타벅스를 떠나기로 결심한다.

스타벅스를 나온 슐츠는 '일 지오날레Il Giornale'라는 정통 이탈리아식 커피숍을 창업했다. 그는 정통 에스프레소 문화를 미국에 소개하겠다는 비전을 품었다. 투자금을 모으는 일은 쉽지 않았지만, 스타벅스 창립자들의 도움을 받아 사업을 시작할 수 있었다. 일 지오날레는 0에서 출발했지만 빠르게 성장했고, 결국 1987년, 슐츠는 정체성을 잃어가던 스타벅스를 인수해 새로운 주인이 되었다.

4. 스타벅스의 성장과 도전

스타벅스를 인수한 후, 슐츠는 비전과 가치를 유지하면서도 회사를 세계적인 브랜드로 성장시키기 위해 고군분투했다. 직원과의 관계를 유지하면서 성장하는 일은 결코 쉽지 않았다.

1989년, 스타벅스에 합류한 하워드 베하로부터 그는 고객 중심 경영의 중요성을 배웠다. 베하는 고객의 요구를 반영해 무지방 우유를 제공해야 한다고 주장했고, 이는 회사 역사상 가장 큰 토론 주제 중 하나가 되었다. 결국 스타벅스는 무지방 우유를 도입했고, 슐츠는 이를 계기로 고객의 소리에 귀 기울이며 변화에 적응하는 것이 기업의 성장에 필수적인 요소임을 깨달았다.

회사가 커질수록 슐츠는 직원의 이름을 모두 기억할 수 없게 되었고, 전통적인 가치와 혁신적 시도 사이에서 늘 선택을 강요받았다. 일 지오날레 시절에는 적은 인원으로도 직원들이 회사에 애정을 갖고 일했지만, 규모가 커질수록 그 문화를 유지하는 것은 어려웠다. 슐츠는 때로 자신의 의견을 굽히고, 젊은 직원들의 새로운 시도를 응원해야 함을 배워 나갔다. 이것은 절대 쉬운 일이 아니였다.

스타벅스가 '커피' 하면 가장 먼저 떠오르는 브랜드로 자리 잡자, 회사는 상장을 결정했다. 주식은 나스닥에 상장되었고, 슐츠는 기쁨과 동시에 월스트리트의 기대를 충족시켜야 한다는 압박감을 느꼈다. 그는 때때로 스타벅스에 대한 부정적인 기사를 돌려보곤 했다. 그러나 시간이 지나며, 시장의 평가가 언제나 회사의 진정한 가치를 반영하는 것은 아니라는 사실을 깨달았다.

그럼에도 그는 변함없이 혁신을 추구했다. 1994년, 스타벅스는 '프라푸치노'를 출시하며 새로운 도약을 시작했다. 처음엔 슐츠도 반대했지만, 이 음료는 여름 매출의 10퍼센트 이상을 차지하며 대성공을 거두었다. 이후 스타벅스는 음악 사업, 아이스크림 사업 등 새로운 영역에도 도전했다.

1991년에는 펩시와 손잡고 냉커피 개발에 나섰다. 당시 미국에서는 냉커피 문화가 익숙하지 않았지만, 스타벅스는 펩시의 유통망을 활용했고, 펩시는 스타벅스의 강력한 브랜드 이미지를 원했다. 첫 시도인 탄산 커피는 실패했지만, 병에 담은 프라푸치노 제품은 대히트를 기록했다.

하지만 스타벅스는 위기도 겪었다. 세계 원두의 4분의 1 이상을 생산하는 브라질에 흑서리가 내리면서 원두 가격이 폭등했고, 슐츠는 불가피하게 가격 인상을 단행해야 했다.

5. 스타벅스는 커피만 파는 곳이 아니다

스타벅스가 중요하게 여긴 것은 언제나 맛, 서비스, 분위기, 그리고 그 안에서 만들어지는 고객의 경험이었다. 슐츠는 기업의 성장과 개성을 맞바꾸지 않으면서도 브랜드를 세계적으로 확장시키고자 했다. 비록 포기해야 할 것들도 있었지만, 스타벅스가 지켜온 핵심 가치는 결코 흔들리지 않았다. 슐츠는 스타벅스를 커피를 마시는 곳 이상으로 발전시키고자 했다. 사람들이 커피를 마시기 위해 스타벅스를 찾는 것이 아니라, '스타벅스 그 자체를 경험하기 위해' 스타벅스를 향하도록 만들고 싶었다. 매장에서 고객들이 커피 한 잔을 마시며 편하게 이야기를 나누고, 재즈를 들으며 쉴 수 있는 공간을 만들기 위해 노력했다. 그는 전 세계의 고객들에게 '도심 속 오아시스'를 제공했다.

결국 하워드 슐츠가 만들어 낸 스타벅스의 성공은 단순한 경영의 성취가 아니라, 비전과 사람에 대한 신념이 만들어 낸 문화의 산물이었다.

그의 이야기는 우리에게 말해 준다.

"한 잔의 커피로도 세상을 바꿀 수 있다."

§ 『스타벅스, 커피 한 잔에 담긴 성공 신화』를 읽고 §
어떤 일에 애정을 가지면
불가능이란 존재하지 않는다

1. 독서 동기

오늘날 스타벅스는 곳곳에 체인점이 널리 퍼져 있고, 커피가 일상처럼 여겨지는 지금도 '정통 커피 브랜드'라고 하면 반드시 떠오르는 이름이다. 브랜드 이름만으로도 느껴지는 묵직한 존재감이 있다. 그래서 나는 스타벅스가 어떻게 시작되었고, 어떻게 지금과 같은 자리에 오르게 되었는지 궁금했다.

2. 도서 요약 (브랜드 여정 요약)

스타벅스의 시작에 하워드 슐츠가 존재했던 것은 아니지만 스타벅스를 향한 애정은 설립자 제리와 고든을 뛰어넘는다고 생각한다. 슐츠는 스타벅스 커피를 맛본 그날 커피에 매료되었고 스타벅스라는 브랜드의 잠재력을 끌어올리기 위해 늘 앞에서 노력하는 사람이었다. 문제를 찾아내고, 새로운 아이디어를 내는 직원에서 시작한 그는 스타벅스를 향한 애정으로 얼마 지나지 않아 스타벅스의 최고 경영자로서 스타벅스를 책임지는 사람이 되어 있었다. 중간에 스타벅스를 나간 시절이 있었지만 맹세코 그는 한 번도 스타벅스를 포기한 적이 없었다.

3. 기억에 남는 문장

"소원을 빌 때는 주의하라. 진정 이루어질지도 모르니까."

회사의 상장이 결정되고, 지금까지의 여정을 돌아보던 슐츠에게 떠오른 격언이다. 나는 슐츠가 아무것도 없이 시작했어도, 애정을 가지고 임하면 무엇이든 해낼 수 있는 사람이라고 생각한다. 실제로 그는 직접 발로 뛰며, 자신이 애정을 쏟는 회사를 성장시켰다. 간절히 바라고 원하는 일을 실현시키는 것, 정말 멋진 일이라고 생각한다. 간절히 원하면 닿을 수 있다. 그렇기에 닿을 수 없는 것에 갈망하는 것이 바로 '소원'이라고 생각해서 이 문장을 선택했다.

4. 나에게 준 울림

적은 인원이었지만, 한 명 한 명이 회사에 애정을 가지고 있던 '일 지오날레'와, 브랜드 그 자체로 가치를 지니며 다양한 사람들이 존재하던 스타벅스. 그리고 두 회사에서 총 책임을 맡았던 슐츠는, 적은 인원이었던 '일 지오날레'보다 스타벅스의 성장을 더 힘들어했을 것이다. 규모가 커진 것도 있겠지만, 많은 직원들이 회사에 애정을 갖게 만드는 것이 쉽지 않았으리라는 생각이 든다. 회사를 성장시키는 것은 다른 무엇이 아니라, 결국 회사 내 몇 명의 사람들이 회사에 애정을 가지는지에 달려 있다는 사실을 다시 한번 깨닫게 해 주었다.

5. 추천 대상과 이유

이 책은 초반에 어떤 사람들에게 필요한 책인지를 설명한다. 사업을 일구려는 사람들이나, 인생의 꿈을 실현하려고 노력하는 사람들이다. 하지만 나는 인생의 꿈을 실현하려는 사람에게 제한이 있다고 생각하지 않는다.

이 세상 모든 사람은 각자 크기와 형태는 다를지라도, 인생의 꿈을 실현하려 노력한다. 이 책은 그런 모든 사람들에게 교훈과 깨달음을 줄 것이라고 확신한다. 꼭 회사나 사업을 일구려는 사람이 아니어도, 충분히 얻어갈 게 많은 책이라고 생각한다. 나 또한 이 책을 통해 어떤 일이든지 애정을 쏟는다면 불가능 따위는 없다는 사실을 배웠으니 말이다.

§ 스타벅스를 탐구하고 §
브랜드 탐구 보고서

1. 기본 정보

브랜드 이름	스타벅스	브랜드 로고	STARBUCKS
설립 연도	1971년	설립자	제리 볼드윈, 고든 보커, 지브 시글
브랜드의 국적 (출신 국가)		미국	
대표 제품/서비스	아메리카노, 카페 라떼, 프라푸치노, 돌체 콜드 브루		

2. 브랜드 소개

스타벅스는 1971년 제리 골드윈, 고든 보커, 지브 시글 세 사람이 모여 함께 설립한 커피 회사다. 스타벅스의 시작은 시애틀에서 유일하게 고급 원두와 커피 기구를 판매하던 소매 전문점이었다. 1982년, 하워드 슐츠가 입사했다. 그는 이탈리아 출장 중 에스프레소 바 문화에 충격을 받고 볼드윈에게 스타벅스에서도 커피를 파는 건 어떻겠냐는 의견을 제시했다.

그러나 창립자들은 반대했고, 이때 슐츠는 스타벅스를 떠나 '일 지오날레'라는 이탈리아 에스프레소 바를 차리게 된다. 후에 '일 지오날레'

를 통해 모은 돈과 투자자들로 정체성을 잃은 스타벅스를 인수해 스타벅스에서 본격적으로 커피를 팔기 시작한다. 스타벅스의 경쟁 전략은 최고의 커피와 서비스, 친근한 분위기로 고객을 확보하는 것이었고, 성실함과 원칙을 지키며 천천히 고객들을 늘려 나갔다.

슐츠는 스타벅스의 최고 경영자가 되어, 어떻게 스타벅스의 정체성을 유지하면서도 세계적인 브랜드로 성장할 수 있을지를 고민했다. 정통을 유지하는 브랜드였지만, 결코 멈춰 있지 않았다. 스타벅스의 고유한 정통성은 지키되, 시대의 흐름에 발맞추기 위해 끊임없이 노력했다. 이는 결코 쉬운 일이 아니었다.

신입사원 하워드 베하의 아이디어로 무지방 우유를 제공하기 시작했는데, 슐츠는 처음에 반대했지만 고객들을 위해 받아들이게 된다. 이 선택은 스타벅스에게 큰 이익과 전환점을 가져다주었다. 이 변화를 시작으로 스타벅스는 고유한 감성을 유지하면서도 시대에 맞춰 다양한 시도를 이어 갔고, 그 결과 시그니처 음료인 '프라푸치노'를 개발해 냈다. 또한 펩시와 손잡고 여러 아이디어를 기획했는데, 첫 시도였던 탄산 커피는 실패했다. 그러나 두 번째 아이디어였던 병에 담긴 냉커피는 일본에 비해 냉커피가 다소 생소했던 미국에서도 좋은 반응을 얻게 되었다.

스타벅스는 이후에도 전통 원두커피를 활용한 아이스크림과 디저트를 만들어 내고, 음반 사업과 같은 새로운 영역에도 도전했다. 정통 커피 브랜드로서의 위신을 유지하면서도, 시대에 뒤처지지 않고 오히려 앞서 나가는 브랜드로 성장해 나갔다.

3. 브랜드의 철학과 가치

- **브랜드가 추구하는 가치나 철학**

  한 동네, 한 사람, 한 잔 인간의 정신에 영감을 불어넣고 더욱 풍요롭게 한다. 즉 단순한 커피 전문점이 아니라 직원과 고객 간의 유대감을 형성한다. 고객이 커피가 아닌 스타벅스 그 자체가 방문하는 것의 목적이 되도록 한다.

- **브랜드 슬로건**

  "인간의 정신에 영감을 불어넣고 풍요롭게 한다. 이를 위해 한 분의 고객, 한 잔의 음료, 하나의 이웃에 정성을 다한다To inspire and nurture the human spirit - one person, one cup, and one neighborhood at a time."

- **슬로건에 담긴 의미**

  이 슬로건은 단순히 커피를 파는 브랜드가 아닌, 사람과 사람 사이의 연결과 따뜻한 경험을 제공하는 브랜드로서 스타벅스의 정체성을 잘 보여 주고 있다.

4. 브랜드의 역사와 성장 과정

스타벅스는 고급 원두와 커피 기구 판매를 목적으로 하는 소매 전문점으로 1971년 제리 볼드윈, 고든 보커, 지브 시글에 의해 설립되었다.

스타벅스는 시애틀에서 거의 유일하게 고급 원두를 취급하는 소매 전문점으로서 정통과 고급을 중시하던 회사였다.

1987년, 한때 스타벅스의 직원이었던 하워드 슐츠가 정체성을 잃어

가던 스타벅스를 인수해 본격적으로 커피를 판매하는 현대적 카페 브랜드로 재탄생시킨다.

스타벅스의 전통적이고 고급스러운 원두로 내린 커피는 점차 명성을 쌓아 갔다.

1992년에 스타벅스는 나스닥에 상장됨으로써 세계적인 커피 브랜드로 성장할 기반을 마련했다. 슐츠는 스타벅스의 최고 경영자로서의 책임감과 브랜드, 즉 스타벅스를 사랑하는 마음을 다잡는다. 비록 월스트리트의 평가들은 슐츠를 힘들게 했지만 그가 더 배우고 성장할 수 있도록 돕기도 했다. 슐츠는 시장을 바라보는 눈을 기를 수 있었다.

1995년, 스타벅스는 무지방 우유 제공을 둘러싼 의견 충돌을 겪은 뒤 전통과 고급 원두를 취급한다는 가치를 최대한 훼손시키지 않으면서 회사를 성장시킬 방법을 더 많이 고민하게 되었고, 그 노력의 결과물은 '프라푸치노'라는 이름으로 세상에 나오게 된다. 이후로도 스타벅스는 고급 커피를 활용한 다양한 디저트들과 아이스크림, 음반 산업 등 많은 시도들을 통해 계속해서 앞으로 나아갔다.

이렇듯 스타벅스는 시대의 변화에 천천히 맞춰가면서 기업의 신념을 지키는 회사로서 아직도 계속 노력하고 있다. 글로벌 진출에 성공해 세계적으로 이름을 알린 지금에도 스타벅스는 윤리적 커피 거래, 환경 보호, 파트너 복지 등을 중시하며 ESG 브랜드로 성장했다.

5. 마케팅 전략 분석

스타벅스는 맞춤형 서비스와 매장 디자인으로 감성적인 경험을 제공하는 데 주력해 왔다. 고급 커피를 제공한다는 브랜드의 시작 가치도 여전히 유지하고 있으며 고객들과의 소통을 통해 유대감을 형성한다. 스타벅스는 전 세계를 향하고 있으며, 커피 판매뿐 아니라 감성적 경험과 라이프 스타일을 제공하는 브랜드로 자리 잡았다.

- **고급 원두와 전문적 커피 제조 방식 강조**

  커피의 품질과 맛을 최우선으로 생각한다. 이를 위해 고급 원두만을 엄선하고, 전문적인 커피 제조 방식을 활용해 고객에게 최상의 커피 경험을 제공하도록 노력한다. 커피의 향과 맛을 통해 브랜드의 가치, 전통성과 고급 커피의 자부심을 드러낸다.

- **바리스타와 고객의 소통, 맞춤 음료 제공**

  스타벅스는 고객과의 직접적인 소통을 중요한 마케팅 전략으로 활용한다. 고객이 커피를 주문할 때 간단한 대화를 나누기도 한다. 또한 고객이 직접 주문할 때에는 고객의 취향을 파악한 맞춤 음료를 제공함으로써 개인화된 경험을 선사한다. 이를 통해 스타벅스는 고객과의 유대감을 형성한다. 또한 고객은 자신의 요구와 취향을 존중받는 특별한 공간으로 스타벅스를 기억하게 된다.

- **시즌별 음료, 시그니처 음료(프라푸치노)**

  스타벅스는 계절과 트렌드에 맞춘 다양한 음료를 출시해 고객의 관심을 지속적으로 유지한다. '프라푸치노'와 같은 시그니처 음료, 스타벅스에서만 맛볼 수 있는 인기 음료들은 대표 상품으로 자리 잡는다. 이는 고객의 반복적인 방문을 유도하는 핵심요소로 작용한다.

- **매장 인테리어, 음악, 향기까지 디자인**

  스타벅스는 한때 음반 사업에 뛰어든 적이 있을 정도로 음악에 신경을 쓰고, 특히 매장 내 인테리어와 향기 등 고객이 스타벅스 내에서 만족스러운 경험을 할 수 있도록 노력한다.

  이러한 노력들은 고객들에게 스타벅스가 단순한 음료 구매 공간을 넘어 휴식과 소통, 영감을 주는 공간으로 인식되도록 돕는다.

- **단순한 커피 판매가 아닌 '라이프 스타일'과 감성 경험 제공**

  스타벅스는 주문 시 고객과의 짧은 소통, 매장 내 디자인과 환경 등 세세한 요소까지 신경 쓰는데, 이는 단순한 커피 제공을 넘어 브랜드 자체를 경험하게 하려는 의도를 보여 준다. 감성적인 경험과 휴식, 사교 활동을 동시에 즐길 수 있게 된다. 고객과의 정서적 연결을 강화하고, 스타벅스의 가치를 전달하는 중요한 전략이다.

6. 경쟁 브랜드와의 차별점

스타벅스는 고객에게 '특별한 경험'을 제공하는 라이프 스타일 브랜드로 자리 잡았다. 고급 원두와 전문적인 커피 제조 방식, 맞춤형 서비스, 세심한 매장 디자인과 음악, 향기까지 스타벅스는 고객이 머무는 모든 순간에 감성을 담는다. 이러한 접근은 커피 한 잔을 넘어서, 고객이 '나만의 시간'을 즐길 수 있는 공간으로 인식되게 만든다.

- **경험 중심의 감성 마케팅**

  경쟁 브랜드들은 주로 효율성과 편리성을 강조해 책상이 협소하거나, 음악이 분위기와 어울리지 않는 등 제품 구매를 중심으로 운영하곤 한다. 그러나 스타벅스는 매장의 인테리어와 음악, 향기,

조명 등을 세세하게 설계해 스타벅스 고유의 분위기를 형성하고 고객이 매장에 들어서는 순간부터 감성적인 경험을 느낄 수 있도록 공간 그 자체를 마케팅의 핵심으로 삼는다. 고객은 커피를 마시러 오는 것이 아니라, 자신만의 여유와 스타벅스만의 분위기를 느끼기 위해 방문한다. 이러한 '공간 경험 중심' 전략은 다른 커피 브랜드와의 가장 큰 차별점으로 꼽힌다.

- **맞춤 서비스와 고객과의 유대**

스타벅스는 '연결'을 브랜드 철학의 중심에 두고 있다. 최근 키오스크가 대세의 반열에 오르며 고객과 종업원과의 소통을 보기 힘들어졌다. 경쟁 기업들은 빠른 판매와 접근성을 중심으로 운영한다. 하지만 스타벅스는 바리스타가 직접 고객의 이름을 불러주고, 대화를 나누는 문화를 유지한다. 이는 유대감을 형성시키고, 고객 한 명 한 명에게 개인화된 경험을 제공한다. 또한 맞춤 음료 제공은 고객이 스타벅스를 자신의 취향이 존중되는 장소로 인식되도록 한다.

- **브랜드와 제품의 독창성**

스타벅스의 고급 원두, 전통적인 커피 추출 방식에 대한 자부심은 누구도 따라올 수 없다. 스타벅스의 커피가 활용된 시그니처 음료 '프라푸치노'와 시즌별 한정 음료는 고객에게 기대감을 심어 준다. 또한 스타벅스만의 독자적인 제품 라인업은 고객이 스타벅스만을 향하게 만들기도 한다. 경쟁사들이 제품의 다양성을 추구하더라도, 스타벅스만의 정체성과 감성을 구현하기는 어렵다.

7. 개인적인 생각

스타벅스를 향한 애정 하나만으로 믿을 수 없는 결과들을 만들어 낸 하워드 슐츠의 경영 방식과 삶을 조금이지만 알 수 있게 되었다. 정말 좋은 경험을 했다고 생각한다. 글을 적기 위해 추가로 자료 조사를 하며 스타벅스라는 브랜드에 대해 정말 많은 것을 알게 되었는데, 스타벅스의 음료에 대한 가치를 다시 한번 생각하게 되었다. 특히 다양한 마케팅 전략을 알게 될수록 평소 별생각 없이 들러 음료를 마시던 그 경험들이 다 설계된 것이었음을 깨달았다. 내가 생각하기에도 스타벅스는 절대 그저 그런 커피숍이 아니다.

보다 더 묵직한 가치와 분위기를 가지고 있다고 생각한다. 내게, 즉 고객에게 이렇게 기억되기 위해 슐츠와 스타벅스의 직원들, 바리스타가 얼마나 노력했는지 책을 통해 조금이나마 알 수 있게 되었다. 정말 대단하다고 생각한다.

8. 출처

- 스타벅스 홈페이지(starbucks.co.kr)
- 스타벅스, 프라푸치노의 시즌을 알리는 신제품 출시 / 머니S. 2014.04.22.
- Starbucks Fiscal 2024 Global Impact Report(https://about.starbucks.com/annual-impact-report)
- 위기 맞은 스타벅스… 펩시 출신 CEO 영입 / 조선일보. 2022.09.03.
- 맹명관, 《스타벅스 100호점의 숨겨진 비밀》, 비전코리아, 344쪽.
- 하워드 베하, 《사람들은 왜 스타벅스로 가는가?》, 유엑스리뷰, 364쪽.
- 하워드 슐츠, 《스타벅스, 커피 한 잔에 담긴 성공신화》, 김영사, 452쪽.

07

아마존

세상을 바꾼 플랫폼, 아마존의 성장 전략

"Work hard, have fun, make history."

일하고, 즐기고, 역사를 만들어라. 아마존은 제프 베이조스에 의해 세계 최대의 전자상거래 기업으로 설립되었다. 아마존의 시작은 온라인 서점이었지만, 이내 사업 영역을 확대해 다양한 제품을 판매하는 것으로 방향을 바꿨다. 아마존은 초기부터 고객 중심의 철학과 혁신에 중점을 두었다.

1. 아마존의 시작

1994년 7월 제프 베이조스는 회사를 그만두었다. 아내와 함께 인터넷 서점을 창업하기 위해서였다. 그는 친척과 친구들에게 대략 200만 달러의 투자금을 받았다. 처음 사업을 시작하는 것 치고는 많이 받았다고 생각할 수 있는데 그 중에는 아버지에게 사업 성공 가능성을 30퍼센트라고 이야기한 후 10만 달러 상당의 자금을 확보했다는 이야기도 있다. 사실은 제프 베이조스 본인이 생각하던 성공률은 10퍼센트밖에 되지 않았지만, 도박을 건 셈이다.

그렇게 투자금을 받은 이후 1995년 7월, 제프 베이조스는 자신의 집 창고에서 3대의 컴퓨터만 사용해 아마존닷컴을 만들었다. 그리고 마침내 1995년 7월 16일 오픈된 아마존닷컴은 일주일만에 미국 전역과 전 세계 45개 도시에 서적을 판매하기 시작했고, 1996년 5월에는 월스트리트지가 아마존을 일면에 대서 특필하기도 했다.

2. 아마존, "위기를 기회로"

아마존은 물품 없이 순수 전자상거래 업체로 1997년 5월 주당 18달러에 상장됐고 이후 주당 2000달러까지 상승했다. 그렇게 아마존은 잘 나가는 듯했지만, 곧 경영 위기가 찾아왔다. 리먼 브라더스(미국 투자은행)이 아마존닷컴이 1년 안에 파산할 것이라는 보고서를 작성했기 때문이다. 보고서 발표 후 아마존닷컴은 일주일 만에 주가가 19퍼센트나 급락했다. 게다가 2001년 초 닷컴버블의 여파로 자금 흐름이 막히면서, 아마존의 주가는 최고 100달러에서 6달러까지 추락했다.

이로 인해 아마존은 심각한 경영 위기에 직면하게 되었다.

결국 아마존닷컴은 2001년 경영난으로 인해 1300명을 해고한 후 사업 다각화를 실시하게 된다. 이때 모두가 다 아는 지금의 종합 쇼핑몰 아마존닷컴이 탄생한 것이다.

한 보고서로 인해서 경영난을 겪었지만, 오히려 그 경영난 덕분에 사업을 확장시킬 수 있었다. 이렇게 종합 쇼핑몰로 성장할 수 있었던 아마존은 위기를 기회로 삼아 아직도 세계 1위의 인터넷 쇼핑몰로 유지되고 있다.

3. 책뿐만 아니라 다양한 물품은 물론, 무형 콘텐츠까지도!

아마존은 전 세계를 상대로 장사하는 기업답게 미국 내 최첨단 물류

센터와 인프라를 갖추고 있고, 상당수 국가에서 해외 항공 직배송을 지원한다. 물건의 종류가 너무 다양해서 '없는 것 빼고 다 판다'는 말이 나올 정도다. 특히 무형 콘텐츠를 판매하고 있다는 점에서 굉장히 흥미로운데, 아마존은 전자책은 물론이고 아마존 프라임(Amazon Prime)이라는 OTT를 운영하고 있다. 게다가 아마존과 아마존 프라임 모두 가격이 비교적 저렴해 많은 고객이 이용하고 있다. 특히 학생 할인 요금제를 제공하는 점이 눈에 띈다.

또한 아마존은 음악 스트리밍 서비스인 아마존 뮤직도 운영하고 있어, 다양한 장르의 음악을 무제한으로 감상할 수 있다. 그리고 예전에는 드라이브도 운영했었는데, 클라우드 저장 서비스였던 아마존 드라이브를 통해 개인 자료를 안전하게 보관할 수 있었지만, 이 서비스는 2023년에 공식 종료되었고, 현재는 아마존 포토를 통해 사진과 영상 저장 기능만 일부 제공하고 있다. 최근에는 AI와 연동된 스마트 스피커 '아마존 에코' 시리즈를 통해 음성 명령만으로 쇼핑, 음악 감상, 날씨 확인 등이 가능해지기도 했다. 이처럼 아마존은 쇼핑몰을 넘어 생활 전반에 스며드는 플랫폼으로 진화해 왔다. 특히 디지털 콘텐츠를 소비하는 환경을 자체적으로 만들어 갔다는 점에서 타 기업들과 차별화되었다. 예를 들어, 아마존 킨들을 통해 전자책을 쉽게 구매하고 읽을 수 있도록 지원했으며 이는 독서 문화를 바꾸는데 큰 영향을 주었다. 이러한 서비스들은 사용자의 편의성과 접근성을 극대화함으로써 고객 충성도를 높여왔다. 이로써 아마존은 물리적 제품부터 무형의 디지털 콘텐츠까지 아우르는 종합 플랫폼으로 성장했다.

4. 책으로 시작해 세상을 연결한 플랫폼, 아마존

아마존은 온라인 서점으로 출발했지만, 이제는 전 세계인의 삶을 연결하는 거대한 플랫폼으로 성장했다. 여전히 수많은 사람들이 이곳에서 책을 찾고, 정보를 배우고, 물건을 구매한다. 책 한 권에서 출발한 사업이 어떻게 기술과 콘텐츠, 일상 전반을 아우르는 힘으로 확장될 수 있는지를 보여 주는 상징적인 기업이다.

창립자 제프 베이조스는 인터넷에서 가장 잘 팔릴 상품을 고민하던 끝에, 종류가 다양하고 접근성이 높은 책을 첫 상품으로 선택했다. 단순히 제품을 파는 것을 넘어, 누구나 쉽게 지식과 문화를 접할 수 있는 세상을 만들고자 했던 그의 철학은 지금도 아마존 전반에 흐르고 있다.

아마존은 킨들, 프라임 비디오, 에코 등 다양한 서비스를 통해 사람들과 콘텐츠를 연결한다. 책으로 시작한 아마존은 이제 전 세계인이 손쉽게 상품과 콘텐츠에 접근할 수 있는 플랫폼이 되었다.

5. 청소년에게 묻다: 너만의 '방식'은 어디에 있는가

『경영자가 알아야 할 문제 해결의 모든 것 아마존에서 배워라』에 담겨진 아마존 창립자 제프 베이조스의 특별한 방법은, 전통적인 유통 방식을 뛰어넘어, 온라인 쇼핑이라는 새로운 방식을 개척했고, 이를 통해 세상을 변화시킨 것이었다.

그렇다면 지금 우리에게 필요한 질문은 이것이다.

"나는 어떤 방식으로 문제를 해결할 것인가?"

§ 『경영자가 알아야 할 문제 해결의 모든 것 아마존에서 배워라』를 읽고 §
아마존이라는 해결 방식

1. 독서 동기

이 책을 읽게 된 이유는 단순하다. 앞으로 살아가면서 나는 많은 회사들을 들어가게 될 것이고, 들 때마다 수많은 문제와 마주하게 될 것이다. 문제에 부딪칠 때마다, 내 입장이 아닌 회사의 관점에서 바라본다면 해결책을 찾을 수 있지 않을까 하는 생각이 들었다. 그래서 전 세계를 장악하고 있는 전 세계 1위 종합 쇼핑몰인 아마존에 대한 책을 읽게 되었다.

2. 도서 요약 (브랜드 여정 요약)

『경영자가 알아야 할 문제 해결의 모든 것 아마존에서 배워라』는 아마존을 운영하는 제프 베이조스의 운영 방식과 문제 해결에 대한 내용이 담겨 있다. 머리말에서부터 "회사를 경영하는 동안 일어나는 골치 아픈 문제들, 아마존은 정말 다르게 해결한다."라고 써 있는 이 책은 제프 베이조스가 아마존을 경영하며 업무 방식, 업무 효율성, 회의 문화, 인재 성장 시스템 등의 문제를 어떻게 해결했고, 해 나가고 있는지에 대해 설명하고 있다.

뿐만 아니라, 각 챕터마다 제시된 질문들은 독자의 호기심을 자극해 책에 더욱 몰입하게 만든다. "업무가 고르게 배분되지 않아 일 처리가 어렵다면?"이라는 질문에 제프 베이조스는 "첫째, 각자가 진행하고 있는 업무 내용을 파악한다. 둘째, 업무 내용을 재분배한다. 셋째, 누가 어떻게 대처할지 정해 둔다."라는 해결책을 제시했다. 정리하자면, "모든 업무 내용을 가시화해 재분배하고, 대처 방안을 미리 정해 둔다."는 것이었다. 이런 작지만 확실한 아마존만의 해결 방식들이 회사를 한층 더 단단하게 만들었다. 아마존은 경영 과정에서 마주한 문제와 질문 하나하나를 아마존답게 해결하며, 그 속에서 경영의 답을 찾아 나갔다.

이 책은 아마존의 성장 과정에서 마주한 다양한 문제들을 어떻게 해결했는지, 그 해결 방식을 구체적으로 소개한다.

또한 실제 사례를 바탕으로 문제 해결의 핵심 원칙과 전략을 자세히 설명하며, 이론에 그치지 않고 실무에 바로 적용할 수 있는 사고방식을 배울 수 있다는 점에서 매우 실용적이다. 경영자는 물론, 조직 내 문제 해결 능력을 키우고자 하는 누구에게나 도움이 된다. 복잡한 문제일수록 본질을 꿰뚫고 단순하게 해결하는 아마존의 접근 방식은 큰 통찰을 준다. 결국 이 책은 문제 해결을 넘어, 지속 가능한 성장과 혁신의 방법을 알려 주는 안내서라 할 수 있다.

3. 기억에 남는 문장

"아마존에서는 '왜 하는가?'라는 질문과 마찬가지로 '왜 하지 않는가?'라는 질문이 중요하다."

이 문장이 가장 인상 깊었다. 책을 읽는 동안에는 학생의 입장에서 적용할 만한 질문이 많지 않았다. 하지만 책 표지에 적힌 한 문장을 읽는 순간, '이건 지금 내 일상에도 적용할 수 있는 질문이구나' 하는 생각이 들었다. "이걸 왜 하지?"라는 불평보다는 "나는 왜 하지 않지?"라는 긍정적인 질문을 더욱더 많이 하기로 다짐했다.

4. 나에게 준 울림

이 책은 내게 새로운 해결책을 제시해 주었다.
아마존이 자신들만의 방식으로 문제를 해결하며 성장해 온 이야기를 읽으면서, 나 역시 내 인생의 해답을 남에게서 찾지 말고 스스로 만들어 가야겠다는 생각이 들었다. 또한 한 기업의 이야기를 이렇게 깊이 있게 다룬 책은 처음이었기에, 경영자는 매일 수많은 고민과 결정을 반복하며 성장한다는 사실을 새삼 깨달았다. 그 과정을 보며 나도 더 치열하게, 그리고 성실하게 살아가야겠다는 다짐을 하게 되었다.

5. 추천 대상과 이유

조직에서 문제 해결 능력을 키우고자 하는 사람에게 이 책을 추천하고 싶다.
이 책은 조직 내에서 발생하는 다양한 문제를 어떻게 인식하고, 체계적으로 해결할 수 있는지를 구체적으로 보여 주기 때문이다.
또한 조직의 문제뿐 아니라 일상 속에서 정답을 찾기 어려운 문제에 직면한 사람에게도 이 책을 권하고 싶다.
스스로 사고하고 해답을 모색하는 힘을 기르는 데 도움이 될 것이다.

§ 아마존을 탐구하고 §
# 브랜드 탐구 보고서

1. 기본 정보

브랜드 이름	아마존	브랜드 로고	amazon
설립 연도	1994년 7월 6일	설립자	제프 베이조스
브랜드의 국적 (출신 국가)	미국		
대표 제품/서비스	인터넷 쇼핑몰		

2. 브랜드 소개

아마존(Amazon)은 전자상거래, 클라우드 컴퓨팅, 온라인 광고, 디지털 스트리밍, 인공지능 등 다양한 분야를 아우르는 미국의 다국적 기술 기업이다. 제프 베이조스(Jeff Bezos)가 1994년 워싱턴에서 회사를 설립해 온라인 서점으로 출발했으며, 이후 점차 제품군을 확장해 '모든 것을 파는 상점(The Everything Store)'으로 불리게 되었다.

또한 아마존은 온라인으로 시작했지만, 현재는 오프라인 매장도 운영하고 있다. 대표적인 예로 Amazon Go, Amazon Fresh Store, Amazon 4-Star, Amazon Books, 그리고 인수한 Whole Foods Market 등이 있다. 이 가운데 몇 가지를 소개하고자 한다.

Amazon Go는 아마존이 개발한 무인 편의점 브랜드로, 인공지능과 센서 기술을 활용해 계산대 없는 쇼핑을 구현한 최초의 오프라인 매장이다. 고객은 매장에 들어가 상품을 집어 들기만 하면 되고, 별도에 계산 없이 앱을 통해 자동 결제가 이뤄진다.

Amazon Fresh Store은 신선식품과 생필품을 판매하는 오프라인 슈퍼마켓이다. 온라인 식료품 배달 서비스인 Amazon Fresh를 기반으로 하며, 일부 매장에는 자동결제 기술도 도입되어 있다.

오프라인 매점을 이용할 때 불편한 점을 빠르게 발맞춰 대응하며 성장한 매장이라고 볼 수 있다.

3. 브랜드의 철학과 가치

- **브랜드가 추구하는 가치나 철학**
  아마존의 핵심 철학은 철저한 고객 중심주의(Customer Obsession)에 있다. 아마존은 고객의 니즈를 예측하고, 그들이 필요로 하기 전에 먼저 해결책을 제시하려 한다.
  제프 베이조스(Jeff Bezos)는 창립 초기부터 "경쟁자가 아닌 고객을 바라보라"고 강조했으며, 이 철학은 오늘날까지 아마존의 모든 의사결정의 기준으로 작용하고 있다.
  또한 그는 지속적인 혁신과 미래지향적 사고를 바탕으로, 세상을 더 편리하고 효율적인 곳으로 만드는 것을 목표로 하고 있다.

- **브랜드 슬로건**
  "열심히 일하고, 즐기고, 역사를 만들자"Work Hard, Have Fun,

Make History."

- **슬로건에 담긴 의미**

  이 슬로건은 아마존이 추구하는 도전과 혁신의 정신을 상징한다. 'Work Hard'는 고객을 위해 끊임없이 노력하고 몰입하는 자세를, 'Have Fun'은 일 속에서 창의성과 즐거움을 찾는 문화를, 'Make History'는 새로운 기준을 만들며 세상을 변화시키겠다는 의지를 담고 있다.

  아마존의 고객 중심주의는 단순한 서비스 정신이 아니라, 모든 전략과 혁신의 출발점이 '고객 경험'에서 시작된다는 믿음이다.

  즉, 아마존은 "고객이 불편하다고 느끼는 지점에서 혁신이 시작된다"는 철학 아래, 끊임없이 새로운 가치를 창조하며 고객의 삶을 더 나은 방향으로 변화시키는 브랜드로 자리매김하고 있다.

4. 브랜드의 역사와 성장 과정

- **1994년: 아마존 설립**

  아마존은 1994년 제프 베이조스에 의해 설립되었다. 그는 인터넷의 가능성을 보고 온라인 서점을 시작하기로 결심했다. 초기 목표는 고객들이 원하는 모든 책을 손쉽게 구매할 수 있도록 하는 것이었다. 작은 차고에서 시작했지만, 빠르게 성장할 잠재력을 갖추고 있었다. 이때부터 아마존은 '고객 중심주의'를 핵심 가치로 삼았다.

- **1997년: 나스닥 상장**

  아마존은 1997년 나스닥에 상장하며 본격적인 성장의 발판을 마련했다. 상장을 통해 투자자들의 신뢰를 얻고 자금을 확보할 수 있었다. 이 시기를 기점으로 아마존은 책을 넘어 다양한 상품으로 사업 영역을 확장하기 시작했다. 온라인 쇼핑몰로서의 입지를 굳히는 데 큰 도움이 되었다. 이후 아마존은 전자상거래 시장의 선두주자로 자리 잡았다.

- **2007년: 킨들 전자책 리더 출시**

  2007년, 아마존은 킨들 전자책 리더를 출시하며 디지털 콘텐츠 시장에 뛰어들었다. 킨들은 사용자들이 전자책을 편리하게 읽을 수 있는 혁신적인 기기였다. 이 제품 덕분에 전자책 시장이 본격적으로 성장하기 시작했다. 아마존은 책을 판매하는 데 그치지 않고, 독서 경험 자체를 혁신했다. 킨들(Kindle)은 아마존의 콘텐츠 생태계를 확장하는 데 있어 중요한 전환점이 되었다.

- **2014년: 아마존 에코 및 알렉사 공개**

  2014년, 아마존은 인공지능 기반 스마트 스피커 '에코'와 음성비서 '알렉사'를 선보였다. 이 제품들은 사용자들이 음성으로 다양한 명령을 내릴 수 있게 했다. 쇼핑, 음악 재생, 정보 검색 등 생활 전반에서 편리함을 제공했다. 에코와 알렉사는 아마존을 온라인 쇼핑몰에서 스마트 홈 플랫폼으로 확장시키는 계기가 되었다. 이후 두 서비스는 AI 기술과 스마트 서비스의 중심축으로 자리 잡았다.

- **2015년: 아마존 프라임 비디오 서비스 시작**

  2015년, 아마존은 프라임 회원을 위한 스트리밍 서비스 '프라임 비디오'를 시작했다. 이는 아마존의 디지털 콘텐츠 사업을 강화하는 중요한 발걸음이었다. 영화, 드라마, 오리지널 콘텐츠 등 다양한 영상물을 제공하며 경쟁력을 키웠다. 프라임 비디오는 고객 충성도를 높이는 핵심 서비스로 자리 잡았다. 지금은 글로벌 OTT 시장의 주요 플레이어 중 하나로 성장했다.

- **2020년대 이후: 중대한 성장과 변화**
2020년대 초반, 코로나19 팬데믹을 계기로 온라인 쇼핑 수요가 폭발적으로 증가하면서 아마존은 매출과 물류 인프라 확충 측면에서 눈에 띄는 성장을 이뤘다. 이후 2023년까지는 자동화 물류 시스템, 클라우드 서비스(AWS)의 확장, 그리고 인공지능(AI) 분야 투자 등 사업 다각화에 박차를 가하며 기업 역사상 최대 규모의 매출을 기록하게 되었다.

5. 마케팅 전략 분석

아마존은 고객에게 혁신적이고 맞춤형 쇼핑 경험을 제공하는 기업으로 자리 잡기 위해 다양한 마케팅 전략을 펼치고 있다. 아마존은 고객의 편리함을 극대화하는 동시에, 콘텐츠와 기술을 접목해 브랜드에 대한 신뢰와 충성도를 높이는 데 주력한다.

- **맞춤형 추천 시스템을 통한 개인화 마케팅**
아마존은 빅 데이터와 AI를 활용해 고객의 구매 이력, 검색 패턴, 관심사 등을 분석하고 맞춤형 상품과 콘텐츠를 추천한다. '추천 상품', '고객 맞춤 베스트셀러' 등 큐레이션 기능은 고객의 선택 부담을 줄이고, 개인 맞춤 쇼핑 경험을 풍부하게 만드는 핵심 전략이다. 이는 고객이 필요로 하는 제품을 쉽고 빠르게 찾도록 돕고, 재방문율과 구매 전환율을 높이는 데 크게 기여한다.

- **프라임 회원제 중심의 충성도 마케팅**

  아마존 프라임은 빠른 무료 배송뿐 아니라, 프라임 비디오, 프라임 뮤직, 킨들 언리미티드 등 다양한 디지털 서비스를 묶어 제공하는 구독 모델이다. 이를 통해 고객은 단순 쇼핑 이상의 가치를 경험하며, 아마존 생태계에 깊이 몰입하게 된다. 특히 학생 요금제 등 세분화된 회원 혜택은 다양한 고객층의 니즈를 반영한 차별화된 전략이다.

- **광고와 콘텐츠 마케팅의 융합**

  아마존은 자사 플랫폼 내에서 스폰서 광고, 상품 리뷰, 동영상 콘텐츠 등을 적극 활용해 제품 홍보를 극대화한다. 고객이 상품을 구매하기 전 필요한 정보를 얻을 수 있도록 돕는 동시에, 소비자 중심의 콘텐츠를 제공한다. 또한 유튜브와 SNS 등 다양한 미디어와 연계한 마케팅으로 브랜드 인지도를 강화하고 있다.

- **굿즈 및 이벤트 마케팅**

  아마존은 자체 브랜드 상품과 인기 캐릭터, 컬래버레이션 굿즈 등을 한정 판매하거나 이벤트 경품으로 제공해 고객의 소장욕구를 자극한다. 특별 할인 행사, 프라임 데이 같은 대규모 세일 이벤트는 구매를 촉진하는 동시에 브랜드에 대한 관심과 참여를 이끌어내는 효과적인 수단이다.

아마존은 이처럼 데이터 기반 개인화, 멤버십 서비스, 콘텐츠와 광고의 통합, 감성 소통, 굿즈 이벤트 등 다각도의 마케팅을 통해 고객과의 깊은 유대감을 형성하며, 시장에서 독보적인 위치를 유지하고 있다.

6. 경쟁 브랜드와의 차별점

아마존은 네이버 쇼핑, 쿠팡, 이베이 등 다양한 온라인 마켓플레이스와 비교할 때, 기술력과 콘텐츠, 고객 경험 측면에서 뚜렷한 차별화를 이루어 내고 있다.

- **종합 생태계 기반의 원스톱 쇼핑 경험 제공**

  아마존은 전자책, 음악, 영상 스트리밍, 클라우드 서비스 등 다양한 디지털 서비스를 한곳에서 제공하는 통합 플랫폼이다. 고객은 쇼핑부터 콘텐츠 소비, 데이터 저장까지 다양한 활동을 아마존 생태계 내에서 편리하게 누릴 수 있다. 경쟁사들이 주로 특정 영역에 집중하는 반면, 아마존은 광범위한 서비스를 결합해 고객에게 '올인원' 경험을 제공한다.

- **최첨단 물류 인프라를 통한 빠르고 정확한 배송**

  아마존은 세계 최대 규모의 물류센터와 자동화 시스템을 보유해, 주문한 상품을 빠르게 고객에게 전달한다. '당일 배송', '프라임 익일 배송' 등의 서비스는 경쟁자들이 쉽게 따라올 수 없는 강력한 무기다. 이로써 고객 만족도를 높이고 재구매를 유도하는 핵심 요소로 작용한다.

- **AI 및 빅 데이터 기술을 활용한 맞춤형 서비스**

  아마존은 개인별 쇼핑 취향과 행동 데이터를 기반으로 정교한 맞춤 추천 시스템을 운영한다. 이는 단순히 가격 경쟁이 아닌 '가치 기반 소비'에 초점을 맞춘 전략으로, 고객별 최적화된 쇼핑 경험을 제공한다. 경쟁 브랜드들도 데이터 분석을 하지만, 아마존의 규모와 기술력은 한층 우수하다.

- **광고와 콘텐츠의 유기적 결합**
  아마존은 자체 플랫폼 내에서 판매자 광고를 효율적으로 집행하는 동시에, 고객 후기와 영상 리뷰를 통해 신뢰를 쌓는다. 이는 단순 가격 경쟁이 아닌, 소비자의 신뢰와 만족도를 높이는 방향으로 브랜드 경쟁력을 키우는 방식이다.

- **프라임 회원제라는 충성 고객 기반**
  프라임 서비스는 아마존만의 차별화된 구독 모델로, 가격 대비 높은 혜택과 다양한 콘텐츠 제공으로 고객 충성도를 극대화한다. 이러한 프라인 회원제는 경쟁 기업이 쉽게 모방하기 어려운 아마존만의 독보적인 경쟁력으로 평가된다.

이처럼 아마존은 기술력과 통합 서비스, 물류 경쟁력, 고객 맞춤형 마케팅, 멤버십 중심의 충성도 전략을 통해 경쟁 시장에서 독보적인 위치를 확보하고 있다. 고객 경험 전반을 아우르는 전략이야말로 아마존의 핵심 강점이자 지속 성장을 이끄는 원동력이다.

7. 개인적인 생각

아마존은 혁신적인 기술과 탁월한 고객 서비스로 현대인의 삶을 편리하게 만든 놀라운 기업이라고 생각한다. 특히 빠른 배송과 다양한 디지털 콘텐츠 제공은 소비자의 경험을 크게 향상시켰다. 아마존의 끊임없는 도전과 변화 정신은 나에게 큰 영감을 주며 나도 새로운 시도에 두려워하지 말아야겠다고 느꼈다.

8. 출처

- 아마존 홈페이지(www.amazon.com)
- 곧 로봇이 사람보다 많아진다"…아마존, '자동화·AI' 물류혁신 / 연합뉴스. 2025.07.01.
- 아마존의 성장비법 '프라임 회원제', 성공 계속될까? / 아이뉴스24. 2021.04.18.
- 지구상에서 가장 고객 중심적인 회사…아마존의 성공비결 / 뉴스1. 2021.10.22.
- 지구상 최고 고용주 되겠다"…아마존 베이조스 CEO의 다짐 / 이데일리. 2021.04.16.
- 아마존의 혁신 비법은 철저한 고객중심 / 강원일보. 2022.07.06.
- 고객에 집착하는 아마존 혁신 문화, 스타트업에 전수한다 / 지디넷코리아. 2022.08.18.
- 아마존 성공 비결 '리더십 14원칙' / 연합뉴스. 2017.08.13.
- 사토 마사유키, 《경영자가 알아야 할 문제해결의 모든것 아마존에서 배워라》, 센시오, 208쪽.

08

맥도날드

맥도날드 창업자 레이 크록 이야기

맥도날드는 밀크셰이크 기계 판매원이었던 레이 크록이 1955년 미국에서 설립한 브랜드로, 그는 빠른 서비스와 높은 품질을 동시에 추구하는 효율적인 시스템을 만들어 냈다. 레이 크록은 '품질quality, 서비스service, 청결cleanliness, 가치value'를 중시하는 QSC&V 철학을 바탕으로 전 세계 어디서나 동일한 맛과 서비스를 제공하도록 했으며, 이 철학이 맥도날드를 세계적인 패스트푸드 브랜드로 성장시키는 기반이 되었다.

1. 성장의 도전과 혁신을 거쳐 세계로

맥도날드는 창립 이후 성장 과정에서 수많은 도전과 변화를 겪었다. 초기에는 프랜차이즈 매장 관리와 품질 유지가 어려웠지만, 레이 크록은 조리 과정과 서비스, 위생을 표준화하고 QSC&V 원칙을 적용해 문제를 해결했다. 또한 재정적 어려움을 극복하기 위해 부동산 매입과 임대 전략을 도입했고, 맥도날드 형제와의 갈등 끝에 회사를 인수하며 브랜드 확장의 기반을 마련했다. 나아가 해외 진출 과정에서는 각국 문화와 입맛에 맞춘 메뉴 개발과 현지화 전략을 통해 글로벌 시장에 적응하며, 현재 100여 개국에 수만 개 매장을 운영하는 세계적 패스트푸드 브랜드로 성장할 수 있었다.

2. 맥도날드, "패스트푸드로 세상을 연결하다" 1

맥도날드는 창립 이후 빠른 확장 과정에서 다양한 도전과 변화를 겪었다. 초기에는 프랜차이즈 매장 관리와 품질 유지가 어려웠지만, 레이 크록은 조리 과정과 서비스, 위생을 표준화하고 QSC&V 원칙을 적용해 문제를 해결했다. 또한 재정적 어려움을 극복하기 위해 부동산 매입과 임대 전략을 도입하고, 맥도날드 형제와의 갈등 끝에 회사를 인수하며 브랜드 확장의 기반을 마련했다. 해외 진출 과정에서는 각국 문화와 입맛에 맞춘 메뉴 개발과 현지화 전략을 통해 글로벌 시장에 적응하며, 현재 100여 개국에 수만 개 매장을 운영하는 세계적 패스트푸드 브랜드로 성장할 수 있었다.

3. 맥도날드, "패스트푸드로 세상을 연결하다" 2

맥도날드의 성공에는 단순히 햄버거를 판매하는 능력만이 아니라, 창립자 레이 크록의 뚜렷한 경영 철학과 체계적이고 차별화된 전략이 큰 역할을 했다. 레이 크록은 "모든 매장에서 동일한 맛과 서비스를 제공해야 한다."라는 신념 아래 QSC&V 원칙(품질, 서비스, 청결, 가치)을 정립하고, 조리 과정과 서비스, 위생까지 철저히 표준화했다. 이러한 표준화는 단순한 규칙이 아니라, 고객이 어디서나 맥도날드를 방문할 때 동일한 경험을 느낄 수 있도록 하는 핵심 전략이었다. 초기 프랜차이즈 확장 과정에서는 매장 관리의 어려움과 재정적 부담이라는 도전이 있었지만, 크록은 부동산 임대 전략, 프랜차이즈 가맹점 관리 시스템, 인력 교육 프로그램 등을 통해 문제를 해결하며 안정적인 성장 기반을 마련했다.

해외 시장 진출 과정에서도 맥도날드는 기존 메뉴를 그대로 제공하는 것이 아니라, 각국의 문화적 특성과 입맛에 맞춘 현지화 전략을 적극적으로 적용했다. 일본에서는 테리야키 버거, 인도에서는 채식 메뉴, 한국에서는 불고기 버거와 한정판 시즌 메뉴를 개발하며 고객과 소통하고, 글로벌 브랜드임에도 지역적 친밀감을 형성했다. 더 나아가 드라이브 스루, 키오스크, 모바일 앱 주문 등 혁신적 서비스 도입을 통해 고객 편의성을 극대화하고, 빠르고 효율적인 서비스 경험을 제공했다.

맥도날드는 이러한 운영 전략과 더불어 사회 공헌 활동과 친환경 정책을 병행하며 브랜드 가치를 강화했다. '로날드 맥도날드 하우스'를 통한 아동·가족 지원, 친환경 포장 사용 확대, 지역사회 참여 활동 등은 기업 활동을 넘어 사회적 책임을 실현하며 브랜드 이미지를 긍정적으로 구축했다. 이러한 철학과 전략이 결합되면서, 맥도날드는 현재 전 세계 100여 개국에서 수만 개 매장을 운영하는 글로벌 패스트푸드 브랜드로 자리 잡았다.

이처럼 맥도날드의 성공은 제품 판매 그 자체가 아니라, 표준화된 서비스, 혁신적 운영, 글로벌 현지화, 디지털 혁신, 사회적 책임까지 포괄하는 통합적 전략 덕분이었다. 이러한 전략적 접근 방식은 단순히 매출을 올리는 데 그치지 않고, 브랜드를 방문하는 고객에게 신뢰와 친근감을 제공하며, 전 세계 어디서나 '맥도날드 경험'을 동일하게 느낄 수 있도록 만드는 강력한 경쟁력으로 작용한다. 이러한 노력은 브랜드가 패스트푸드 기업을 넘어 문화적 경험과 고객 중심적 가치를 동시에 제공하는 글로벌 아이콘으로 자리매김하게 만든 핵심 요인이 되었다.

4. 음식으로 사회와 문화를 연결하다

맥도날드는 사회와 문화 전반에 다양한 영향을 미쳤다. 전 세계 수만 개 매장을 운영하며 많은 일자리를 창출하고, 지역 경제 활성화에 기여함으로써 각 지역의 경제 구조와 소상공인 생태계에 긍정적인 영향을 주었다. 특히 맥도날드의 프랜차이즈 모델은 중소사업자에게 창업과 경영 기회를 제공하며, 안정적인 수익 기반을 마련할 수 있는 환경을 조성했다. 이러한 시스템은 지역 사회의 경제적 성장뿐 아니라, 창업자들의 경영 역량 향상에도 도움을 주어 브랜드와 지역 사회가 상호 성장할 수 있는 구조를 만들어 냈다.

맥도날드는 사회적 책임 실천에도 꾸준히 힘써왔다. 그중 '로날드 맥도날드 하우스'는 기부를 넘어, 아픈 아이와 가족에게 쉼과 회복의 공간을 제공하는 따뜻한 사회복지 모델로 자리 잡았다. 또한 친환경 포장재 사용 확대, 에너지 절약 매장 구축, 탄소 배출 감소 목표 설정 등 지속 가능한 경영을 적극적으로 추진함으로써, 환경 의식 확산과 친환경 문화 조성에도 기여하고 있다. 이러한 활동은 기업의 사회적 책임 CSR과 브랜드 이미지 강화라는 두 가지 목적을 동시에 달성하는 효과를 가져왔다.

이와 함께 맥도날드는 외식 문화 자체에도 큰 변화를 가져왔다. 드라이브 스루, 키오스크, 모바일 주문과 같은 혁신적 서비스 도입은 고객 편의성을 극대화했으며, 빠르고 효율적인 식문화 경험을 제공함으로써 전 세계인의 일상생활과 외식 패턴에 깊숙이 자리 잡았다. 특히 디지털 주문 시스템과 모바일 앱을 통한 맞춤형 서비스는 개인화된 소비 경험을 제공하며, 패스트푸드 업계 전반의 서비스 표준을 한 단계 끌어올리는 계기가 되었다.

이처럼 맥도날드는 경제적 기회 제공, 사회복지 실천, 환경적 책임 수행, 글로벌 외식 문화 혁신까지 포괄하는 복합적 영향력을 가진 브랜드로 자리매김했다. 이러한 사회적·문화적 영향력은 브랜드 자체의 가치를 강화할 뿐 아니라, 전 세계 소비자들에게 맥도날드를 패스트푸드 체인을 넘어 삶의 일부이자 문화적 경험으로 인식하게 만드는 핵심 요인으로 작용한다.

5. 청소년에게 도전과 혁신의 가치를 묻다

맥도날드는 패스트푸드 체인을 넘어 청소년들에게 도전과 혁신의 중요성을 보여 준다. 레이 크록이 작은 가게에서 출발해 글로벌 브랜드를 만든 과정은 목표를 향한 끈기와 창의적 문제 해결의 가치를 생각하게 한다. 또한 브랜드가 프랜차이즈 표준화, 현지화 전략, 디지털 혁신 등을 통해 끊임없이 변화를 수용하며 성장한 사례는 청소년들에게 변화에 유연하게 대응하고 자신만의 전략을 세우는 중요성을 깨닫게 한다. 나아가 사회적 책임과 지속 가능한 경영에도 관심을 기울인 맥도날드의 모습은 단순히 성공만 추구하는 것이 아니라, 주변과 사회를 함께 고려하며 성장해야 한다는 영감을 준다.

"작은 아이디어와 도전 정신으로 세상을 바꿀 수 있다는 것을 믿고 있는가?"

§ 『로켓 CEO: 맥도날드 창업자 레이 크록 이야기』를 읽고 §
맥도날드, 도전과 경영 철학

1. 독서 동기

맥도날드라는 글로벌 브랜드가 어떻게 작은 햄버거 가게에서 전 세계적인 기업으로 성장했는지 궁금했다. 특히 창립자 레이 크록의 도전과 경영 철학이 브랜드 성공에 어떤 영향을 미쳤는지를 직접 배우고 싶어서 이 책 『로켓 CEO: 맥도날드 창업자 레이 크록 이야기』를 선택했다. 이를 통해 단순한 기업 운영이 아닌, 창의적 문제 해결과 지속적인 혁신이 성공에 어떻게 연결되는지를 이해하고자 했다.

2. 도서 요약(브랜드 여정 요약)

맥도날드는 오늘날 전 세계에서 가장 잘 알려진 패스트푸드 브랜드 중 하나지만, 그 성공의 중심에는 창립자 레이 크록Ray Kroc의 도전 정신과 경영 철학이 있다. 책 『로켓 CEO: 맥도날드 창업자 레이 크록 이야기』에 따르면, 레이 크록은 원래 밀크세이크 기계를 판매하는 세일즈맨이었지만, 1954년 캘리포니아에서 효율적인 조리 시스템을 운영하던 맥도날드 형제의 가게를 발견하고 큰 가능성을 느꼈다. 그는 기계를 판매하는 것에서 그치지 않고, 작은 가게를 전국적으로 확장할 수 있는 사업 모델로 발전시키기로 결심했다.

레이 크록의 가장 큰 강점은 표준화와 일관성에 대한 철학이었다. 그는 QSC&V 원칙(품질, 서비스, 청결, 가치)을 모든 매장의 핵심 운영 기준으로 삼아, 고객이 어느 매장을 방문하든 동일한 맛과 서비스를 경험하도록 했다. 초기 프랜차이즈 확장 과정에서는 매장 관리와 재정적 어려움이라는 도전이 있었지만, 레이 크록은 체계적인 관리 시스템과 부동산 임대 전략을 도입해 문제를 해결했다. 특히 가맹점주에게 매장을 맡기되, 부동산은 회사가 직접 소유해 임대함으로써 안정적인 수익 구조를 마련하고 브랜드 통제를 이어갔다.

또한 맥도날드가 전 세계로 확장할 수 있었던 것은 레이 크록의 현지화 전략과 혁신적 사고 덕분이었다. 해외 매장을 열 때 미국식 메뉴를 그대로 적용하지 않고, 각국의 문화와 입맛에 맞춘 메뉴를 개발하며 현지 고객의 요구에 맞춰 변화했다. 드라이브 스루, 키오스크, 모바일 앱 주문 등 기술과 서비스 혁신도 적극적으로 도입해 고객 편의성을 높였다. 이러한 전략은 브랜드의 지속적인 성장과 글로벌 확장의 핵심 요소가 되었다.

레이 크록의 경영 철학은 기업 이윤 추구에 그치지 않는다. 그는 사회적 책임과 지속 가능한 경영에도 관심을 기울였으며, '로날드 맥도날드 하우스'를 통해 아픈 어린이와 가족을 지원하는 등 사회복지 활동에도 힘썼다. 또한 친환경 포장재 사용 확대와 탄소 배출 감소 목표 등으로 환경 의식 확산에도 기여하며, 브랜드가 사회와 환경에 미치는 영향을 고려한 경영 모델을 제시했다.

결과적으로 맥도날드는 작은 햄버거 가게에서 출발했지만, 레이 크록의 도전 정신, 표준화와 혁신, 사회적 책임이라는 철학을 기반으로 전 세계 100여 개국에 수만 개 매장을 운영하는 글로벌 브랜드로 성장할 수 있었다. 이 책은 독자에게 목표를 향한 끈기, 창의적 문제 해결, 변화에 대한 적응력, 그리고 브랜드 철학이 어떻게 기업과 사회를 연결하는지를 생생하게 보여 준다. 따라서 맥도날드는 레이 크록의 경영 철학을 중심으로 한 끊임없는 도전과 혁신의 산물이자, 오늘날 글로벌 패스트푸드 시장에서 모범 사례로 손꼽히는 브랜드라고 요약할 수 있다.

3. 기억에 남는 문장

"운은 땀의 배당금이다. 땀을 많이 흘릴수록 더 많은 운을 얻는다."

이 문장이 가장 인상 깊었다. 운은 우연히 오는 행운이 아니라 꾸준한 노력과 실행 끝에 따라오는 자연스러운 보상이라는 것이 뜻깊게 다가왔다.

4. 나에게 준 울림

이 책을 읽으면서 나는 작은 아이디어와 꾸준한 도전이 얼마나 큰 변화를 만들 수 있는지 깨달았다. 레이 크록은 평범한 세일즈맨에서 시작했지만, 끊임없는 도전과 혁신, 철저한 표준화와 경영 철학으로 전 세계인이 아는 브랜드를 만들었다. 특히 이윤만을 추구한 것이 아니라, 고객과 사회를 함께 생각하며 지속 가능한 성장을 지향했다는 점에서 깊은 울림을 받았다. 이 책을 통해 나는 목표를 향한 끈기와 문제 해결 능력, 변화에 대한 유연한 사고가 얼마나 중요한지를 배우게 되었고, 나 역시 도전 앞에서 주저하지 않고, 작은 노력부터 시작해야겠다는 생각이 들었다.

5. 추천 대상과 이유

이 책은 작은 햄버거 가게에서 출발해 세계적인 브랜드로 성장한 맥도날드와 창립자 레이 크록의 도전, 그리고 그의 경영 철학을 생생하게 보여 준다. 책에서는 레이 크록이 QSC&V 원칙(품질, 서비스, 청결, 가치)을 바탕으로 매장 운영을 표준화하고, 프랜차이즈 확장 과정에서 발생한 문제를 혁신적인 전략으로 해결하며 브랜드를 성장시킨 과정을 자세히 알 수 있다.

이 책을 읽으며 작은 아이디어와 꾸준한 도전, 문제 해결 능력, 그리고 변화에 대한 유연한 사고가 얼마나 큰 변화를 만들어 낼 수 있는지를 깨달았다. 앞으로는 도전 앞에서 주저하지 않고, 작은 노력부터 실천해야겠다는 다짐을 하게 되었다.

이 책은 목표를 향한 끈기와 도전의 중요성을, 예비 창업자나 경영에 관심 있는 사람들에게는 글로벌 브랜드의 성장 전략과 프랜차이즈 경영 원리를 실제 사례를 통해 배울 수 있는 기회를 제공한다. 또한 사회적 책임과 지속 가능한 경영의 가치를 함께 다루고 있어, 성공 스토리를 넘어 삶과 경영 철학을 함께 탐구할 수 있는 책으로 추천하고 싶다.

§ 맥도날드를 탐구하고 §
브랜드 탐구 보고서

1. 기본 정보

브랜드 이름	맥도날드	브랜드 로고	![McDonald's]
설립 연도	1940년	설립자	레이 크록 Ray Kroc
브랜드의 국적 (출신 국가)	미국 일리노이주 시카고		
대표 제품/서비스	빅맥 Big Mac, 치즈버거, 맥치킨 McChicken		

2. 브랜드 소개

　맥도날드는 1940년 미국 캘리포니아에서 맥도날드 형제가 설립한 작은 햄버거 가게에서 시작되었으며, 1955년 레이 크록이 프랜차이즈 사업을 본격적으로 시작하면서 현재의 글로벌 패스트푸드 브랜드로 성장했다. 초기에는 빠르고 저렴한 햄버거와 감자튀김을 제공하는 가게였지만, 레이 크록은 품질 quality, 서비스 service, 청결 cleanliness, 가치 value라는 원칙을 바탕으로 모든 매장에서 동일한 맛과 경험을 제공하는 표준화 시스템을 구축했다. 이를 통해 맥도날드는 고객에게 신뢰와 안정적인 만족감을 제공하며, 빠른 시간 내에 전국적으로 프랜차이즈를 확장할 수 있었다.

맥도날드는 사회적 책임과 지속 가능한 경영에도 힘쓰고 있다. '로날드 맥도날드 하우스'를 통해 아픈 어린이와 가족을 지원하며, 친환경 포장재 사용과 탄소 배출 감소 등 환경 문제에도 관심을 기울인다. 또한 전 세계 매장을 운영하며 지역 사회에 일자리를 제공하고 경제 활성화에 기여하는 등 사회적 영향력도 상당하다.

이처럼 맥도날드의 브랜드 철학은 제품 판매를 넘어, 고객 경험과 혁신, 그리고 사회적 가치를 함께 실현하는 데 있다. 드라이브 스루, 키오스크, 모바일 주문 등 기술을 적극 활용해 소비자의 편의성을 높이고, 다양한 메뉴와 현지화 전략을 통해 글로벌 시장에서 문화적 차이를 고려한 서비스를 제공한다. 맥도날드는 이러한 철학과 전략을 통해 작은 햄버거 가게에서 출발했지만, 지금은 전 세계 100여 개국에서 수만 개 매장을 운영하며 글로벌 외식 문화를 선도하는 브랜드로 자리 잡았다.

3. 브랜드의 철학과 가치

- **브랜드가 추구하는 가치나 철학**

    맥도날드는 고객에게 일관된 맛과 서비스를 제공하는 것을 핵심 가치로 삼으며, 품질, 서비스, 청결, 가치를 기본 원칙으로 운영한다. 또한 끊임없는 도전과 혁신을 통해 새로운 메뉴와 기술을 도입하고, 글로벌 확장을 이어 가며, 사회적 책임과 지속 가능한 경영에도 관심을 기울인다. 이처럼 맥도날드는 고객 만족, 혁신, 사회적 책임을 중심으로 브랜드 철학을 실천하고 있다.

- **브랜드 슬로건**

    지금 이 순간을 즐기다 I'm lovin' it.

- **슬로건에 담긴 의미**

"I'm lovin' it."은 고객이 맥도날드의 음식과 서비스를 즐기며 긍정적인 경험을 느낀다는 의미를 담고 있다. 단순히 제품을 제공하는 것을 넘어, 고객 만족과 즐거움, 친근함을 강조하며 브랜드와 고객 간의 정서적 연결을 보여 준다. 또한 전 세계 어디서나 이해될 수 있는 쉬운 표현으로, 맥도날드의 글로벌 일관성과 친근한 브랜드 이미지를 강화한다.

4. 브랜드의 역사와 성장 과정

맥도날드는 1940년 미국 캘리포니아에서 맥도날드 형제가 작은 햄버거 가게를 열면서 시작되었다. 당시 가게는 햄버거와 감자튀김을 빠르고 저렴하게 제공하는 소규모 매장에 불과했지만, 고객에게 일관된 맛과 서비스를 제공하려는 원칙을 바탕으로 운영되었다.

1955년, 레이 크록이 프랜차이즈 사업을 시작한 것을 계기로 맥도날드는 전국으로 빠르게 확산되기 시작했다. 그는 품질, 서비스, 청결, 가치라는 원칙을 모든 매장의 핵심 운영 기준으로 삼아, 어디서나 동일한 경험을 제공할 수 있는 체계를 구축했다. 이를 통해 미국 전역으로 매장을 확장하고, 프랜차이즈 모델을 정착시키며 브랜드의 기반을 다졌다.

1960~1970년대에는 맥도날드가 드라이브 스루, 세트 메뉴, 프라이스 정책 등 다양한 혁신 전략을 도입하며 외식 문화를 선도했다. 글로벌 시장 진출도 본격화되어 캐나다, 일본, 유럽 등 해외 매장을 개설하며 브랜드를 세계적으로 확장했다.

1980년대 이후, 맥도날드는 빅맥, 치즈버거, 맥너겟 등 대표 메뉴를 강화하고, TV 광고와 마케팅 캠페인을 통해 브랜드 이미지를 전 세계에 확산시켰다. 2003년 이후에는 키오스크 주문, 모바일 앱, 온라인 배달 서비스 등 디지털 혁신을 도입해 고객 편의성을 높였다.

2010년대에는 메뉴 현지화 전략과 친환경 포장, 사회 공헌 활동 등을 확대하며 지속 가능한 경영에도 주력했다. 특히 '로날드 맥도날드 하우스'를 통해 아픈 아동과 가족을 지원하고, 지역사회 참여와 교육 프로그램을 운영하며 사회적 책임을 실천했다.

2020년대에 들어 맥도날드는 패스트푸드 브랜드를 넘어, 문화적, 사회적, 기술적 혁신을 동시에 추구하는 글로벌 브랜드로 자리 잡았다. 전 세계 100여 개국에서 수만 개 매장을 운영하며, 고객 중심 철학과 끊임없는 도전 정신을 기반으로 전 세계인의 일상 속에 깊이 스며든 브랜드로 성장했다.

5. 마케팅 전략 분석

맥도날드는 고객 경험, 감성, 편의성, 문화적 요소를 결합한 다양한 마케팅 전략을 통해 글로벌 브랜드로 자리매김하고 있다. 이들은 브랜드 충성도를 높이고, 고객과의 정서적 연결을 강화하며, 다양한 시장 환경에서도 일관된 이미지를 유지하는 데 중점을 둔다.

- **체험 중심 매장 마케팅**

  맥도날드는 매장을 식사 공간이 아닌 체험 공간으로 만들어 고객 경험을 강화한다. 드라이브 스루, 키오스크, 모바일 주문 등 혁신적 서비스는 고객 편의를 높이는 동시에, 브랜드와의 직접적인 상호작용을 늘린다. 또한 매장 인테리어와 디자인, 조명, 좌석 배치까지 세심하게 고려해 고객이 편안하게 머물며 식사할 수 있는 환경을 제공한다. 특별 이벤트나 시즌 한정 메뉴를 매장 방문 경험과 연결해, 고객이 브랜드와 더욱 깊게 연결될 수 있도록 유도한다.

- **글로벌 현지화 전략과 메뉴 개발**

맥도날드는 세계 각국의 문화와 입맛을 반영한 메뉴 현지화를 적극 활용한다. 예를 들어 일본에서는 테리야끼 버거, 인도에서는 소고기 대신 닭고기와 채식 메뉴를 제공하며, 한국에서는 불고기 버거와 한정판 메뉴를 출시한다. 이러한 현지화 전략은 글로벌 브랜드임에도 각 지역 고객에게 친근감을 주며, 충성 고객을 확보하는 핵심 수단이다. 또한 맥도날드는 건강 트렌드, 저칼로리 메뉴, 식물성 단백질 등 변화하는 소비자 니즈에 맞춘 메뉴 개발을 통해 시장 경쟁력을 유지한다.

- **디지털 플랫폼과 SNS 활용**

맥도날드는 디지털 시대에 맞춰 모바일 앱, 키오스크, 온라인 배달 서비스(맥딜리버리) 등 다양한 디지털 채널을 적극 활용한다. 고객이 편리하게 주문할 수 있도록 기술을 접목함으로써 경험을 최적화하며, SNS 채널을 통해 신제품, 이벤트, 광고 캠페인, 챌린지 등을 진행해 젊은 세대와 소통한다. 인스타그램, 유튜브, 틱톡 등을 활용한 감각적 영상과 이미지 콘텐츠는 브랜드 친근감과 재미를 동시에 제공하며, 참여형 콘텐츠를 통해 자연스럽게 브랜드 메시지를 확산한다.

- **감성 마케팅과 글로벌 광고 캠페인**

맥도날드는 전 세계 공감대를 형성할 수 있는 감성 광고와 캠페인을 통해 고객과의 정서적 연결을 강화한다. 대표 슬로건 "I'm lovin' it."을 중심으로 한 TV 광고와 온라인 영상은 고객에게 즐거움, 행복, 긍정적 경험을 전달하며, 제품 홍보를 넘어 브랜드 정체성과 감성적 가치를 각인시키는 역할을 한다. 또한 월드컵, 올림픽 등 글로벌 스포츠 이벤트와 연계한 캠페인, 유명 인플루언서 및 셀럽과의 협업은 브랜드 이미지 확산과 참여도를 높이는 전략으로 활용된다.

- **굿즈, 프로모션, 체험형 이벤트**

맥도날드는 해피밀 장난감, 한정판 굿즈, 시즌 프로모션 등을 통해 고객 참여를 유도하고, 방문과 구매를 자연스럽게 연결한다. 어린이 대상 해피밀 장난감은 브랜드 충성도를 높이는 대표 사례이며, 연령대별 맞춤 프로모션은 다양한 고객층의 관심을 끌어낸다. 또한 맥도날드는 매장 내 게임, 체험형 이벤트, 특별 메뉴 출시 등으로 고객이 브랜드와 상호작용하며 즐거운 경험을 얻도록 설계한다.

- **사회적 책임과 친환경 마케팅**

맥도날드는 단순한 외식 브랜드를 넘어 사회적 책임을 강조한다. '로날드 맥도날드 하우스'를 통한 아동과 가족 지원, 친환경 포장재 사용, 음식물 쓰레기 감소 캠페인 등은 브랜드 이미지와 가치 제고에 기여하며, 고객과의 신뢰 관계를 강화한다. 친환경과 사회적 가치를 강조한 마케팅은 소비자의 공감대를 형성하며, 브랜드 충성도를 높이는 전략적 요소로 작용한다.

이처럼 맥도날드는 체험 중심, 현지화, 디지털, 감성, 굿즈, 사회적 책임 등 여러 축을 통합한 마케팅 전략을 펼치며, 패스트푸드 브랜드를 넘어 문화적, 사회적, 기술적 혁신을 추구하는 글로벌 브랜드로 자리 잡았다. 이러한 다각도의 전략적 접근은 맥도날드가 전 세계 소비자에게 지속적으로 사랑받고, 변화하는 시장에서도 경쟁력을 유지할 수 있는 핵심 요인이 된다.

6. 경쟁 브랜드와의 차별점

맥도날드는 버거킹, KFC, 스타벅스 등 다양한 글로벌 외식 브랜드와 비교했을 때, 브랜드 철학, 서비스 표준화, 고객 경험, 체험형 마케팅 측면에서 뚜렷한 차별화를 보여 준다. 이는 맥도날드만의 독보적인 정체성과 경쟁 우위를 만드는 핵심 요소다.

- **전 세계 어디서나 일관된 맛과 서비스 제공**

  맥도날드는 모든 매장에서 동일한 품질과 서비스를 제공하는 표준화 전략을 통해 고객에게 신뢰를 준다. 버거킹이나 KFC와 달리, 맥도날드는 QSC&V(품질, 서비스, 청결, 가치)를 철저히 관리해, 미국, 일본, 한국 어디에서든 동일한 경험을 느낄 수 있다. 이러한 체계적인 운영은 고객 충성도를 높이고 브랜드 신뢰를 유지하는 중요한 강점이다.

- **글로벌 현지화 전략을 통한 차별화 메뉴**

  맥도날드는 각 국가와 지역의 입맛과 문화를 반영한 메뉴를 제공한다. 예를 들어, 일본에서는 테리야끼 버거, 인도에서는 채식 메뉴, 한국에서는 불고기 버거와 한정판 시즌 메뉴를 운영한다. 경쟁 브랜드가 주로 표준 메뉴를 제공하는 것과 달리, 맥도날드는 현지 고객에게 친근감과 차별화된 경험을 제공하며 글로벌 시장에서 폭넓은 인기를 확보한다.

- **체험 중심 매장과 디지털 혁신**

  맥도날드는 드라이브 스루, 키오스크, 모바일 앱 주문 등 다양한 체험형 고객 접점을 마련해 방문 경험을 강화한다. 특히, 매장 인테리어와 좌석 배치, 이벤트, 한정 메뉴 등은 고객이 브랜드와 직접 상호작용하며 즐거운 경험을 얻도록 설계되어 있다. 경쟁 브랜드들도 디지털 서비스를 도입하지만, 맥도날드는 체험과 디지털 혁신을 동시에 결합해 고객 편의성과 몰입도를 높인다.

- **감성적 마케팅과 사회적 책임**

  맥도날드는 "I'm lovin' it." 캠페인, 글로벌 스포츠 이벤트 연계, 유명 셀럽 협업 등 다양한 감성 마케팅으로 고객과의 정서적 연결을 강화한다. 또한 '로날드 맥도날드 하우스'를 통해 아동과 가족을 지원하고, 친환경 포장재 사용과 사회 공헌 활동을 통해 브랜드 이미지를 긍정적으로 구축하고 있다. 경쟁 브랜드들이 제품 홍보와 판촉에 집중하는 반면, 맥도날드는 감성적 가치와 사회적 책임까지 아우르는 차별화 전략을 활용한다.

  이처럼 맥도날드는 표준화된 서비스, 메뉴 현지화, 체험형 매장, 디지털 혁신, 감성·사회적 책임 등 다층적 전략을 통해 경쟁 브랜드와 뚜렷하게 구분된다. 이러한 차별화 요소들은 제품 소비를 넘어 고객이 맥도날드 브랜드와 연결되고 머무르고 싶도록 만드는 원동력이 된다. 이를 바탕으로 맥도날드는 전 세계에서 꾸준히 사랑받는 글로벌 브랜드로 자리매김하고 있다.

7. 개인적인 생각

맥도날드를 탐구하면서 느낀 점은, 단순히 햄버거를 파는 브랜드가 아니라 고객 경험과 감성을 세심하게 설계하는 기업이라는 것이다. 매장 구조, 메뉴 개발, 디지털 서비스, 글로벌 현지화, 감성 마케팅까지 모든 요소가 유기적으로 연결되어 있다는 점이 인상적이었다. 특히, 전 세계 어디서나 일관된 품질과 서비스를 제공하면서도 각 지역의 문화와 입맛을 반영하는 전략은 고객 중심적 사고가 얼마나 중요한지를 보여 준다. 또한 체험형 매장과 SNS, 굿즈, 이벤트 등을 통해 고객과 지속적으로 소통하며 브랜드 충성도를 높이는 방식은 제품 판매를 넘어 브랜드 자체가 하나의 문화적 경험이 될 수 있음을 깨닫게 했다.

개인적으로는 맥도날드의 지속적인 혁신과 변화에 대한 유연한 수용이 가장 큰 배움이었다. 치열한 경쟁과 빠르게 변하는 소비자 요구 속에서도, 기술과 트렌드를 적극적으로 활용하며 브랜드 가치를 꾸준히 지켜나가는 모습이 인상적이었다. 이 경험을 통해 앞으로 무슨 일을 하든, 고객 중심적 사고와 유연한 변화 수용, 브랜드 철학의 일관성이 얼마나 중요한지를 배우게 되었고, 작은 일이라도 체계적이고 전략적으로 접근하는 습관을 가져야겠다는 생각이 들었다.

8. 출처

- 맥도날드 홈페이지(corporate.mcdonalds.com)
- 맥도날드 코리아 홈페이지(mcdonalds.co.kr/kor)
- 맥도날드 "친환경 포장지 사용 확대"…전환율 89% / 헤럴드경제. 2024.12.10.
- 맥도날드, "새로운 35년 위해 고객 경험 강화 노력과 사회적 책임 지속할 것 약속" / 머니S. 2023.04.01.
- 맥도날드, 지난해 사회공헌 관심도 2년 연속 '압도적 1위' / 세계일보.

2024.02.21.
- 지역사회 행복을 만들어가는 기업, '행복의 버거' 캠페인 / 동아일보. 2016.02.25.
- 기업의 CSR활동에 꼭 필요한 '이것'.. 맥도날드의 사례로 알아보다 / 인터비즈. 2020.03.25.
- 조지 리처, 《맥도날드 그리고 맥도날드화》, 풀빛, 416쪽.
- 레이 크록, 《로켓 CEO》, 오씨이오(oceo), 350쪽.

09

드러그스토어 데엠

사람과 삶을 잇는 길을 연 사람, 괴츠 베르너

괴츠 베르너의 경영 철학은 어려움과 실패 속에서도 사람의 가치를 중심에 두는 길을 멈추지 않았다. 그는 기업을 통해 세상을 이해하고, 사람과 사회에 긍정적인 변화를 만들고자 했다. 이러한 그의 여정은 독일 드러그스토어 시장의 판도를 바꾸며, 사람 중심 경영의 새로운 지평을 연 위대한 도전이었다.

1. 사람이 중심이다, 어려움 속에서도 굴하지 않고 키워 왔던 가치와 열망

괴츠 베르너는 유년 시절부터 아버지의 드러그스토어를 놀이터 삼아 지내면서 사람의 가치를 중심에 두는 사고를 키웠다. 고등학교 졸업 후 독일 곳곳의 드러그스토어를 돌아다니며 일을 배워 아버지의 가게를 이어받을 준비를 마쳤으나, 정밀하지 못했던 아버지에게 직언을 하다가 쫓겨나고 29살에 은행 돈을 빌려 자기만의 방식으로 첫 드러그스토어 할인점을 열었다. 1만 가지가 넘는 품목에 일괄적인 가격을 적용하던 기존의 방식과는 정반대로 제한된 품목을 저렴한 가격에 판매한다는 합리적 가격 정책이라는 혁신을 도입했고, 이는 이윤 추구를 넘어, 고객과 직원, 그리고 사회 모두에게 이로운 구조를 만들겠다는 철학에서 비롯된 것이었다. 작은 매장 하나에서 시작된 그의 도전은 곧 사람 중심 경영과 지속 가능한 가치 소비의 실천으로 확장되었고, 데엠이라는 브랜드의 근간이 되었다.

2. 데엠, '사람을 중심에 둔 세상을 만들겠다'는 다짐의 시작

데엠은 초창기부터 사람과 삶을 중심에 둔 기업을 지향하며 출발했다. 괴츠 베르너는 "제품을 파는 것도 중요하지만, 무엇보다 사람과 신뢰, 가치를 지켜야 한다."라고 믿었다.

그는 기존 드러그스토어의 틀을 깨고, 고객이 편리하게 제품을 탐색하며, 직원이 자율적으로 일하며, 사회적 가치까지 고려하는 새로운 매장 모델을 설계했다. 1973년, 첫 매장이 문을 열었을 당시만 해도 많은 사람들은 "드러그스토어가 뭐길래 이렇게까지 신경을 쓰나?"라며 의아해했다.

하지만 그의 비전은 현실을 넘어섰다. 작은 매장에서 시작된 데엠은 고객과 직원, 사회 모두를 아우르는 사람 중심 경영과 가치 실현의 플랫폼으로 성장했고, 현재는 독일과 유럽 전역에서 가장 신뢰받는 드러그스토어로 자리 잡았다.

3. 데엠은 흔한 '드러그스토어'가 아니다

데엠의 성공에는 단순한 운영 능력과 철학만이 아니라, 뚜렷한 브랜드 철학 기반의 실천과 차별화된 전략이 있었다.

첫째, 사람 중심 철학이다. 창립자 Götz W. Werner는 "기업은 사람을 중심에 두어야 한다"는 철학을 강조했다. 실제로 데엠은 직원들의 자율성과 복지를 중시하고, 매출 보다도 구성원의 행복과 공동체 가치를 우선시하는 기업문화로 알려져 있다.

둘째, 개방적 공간 설계 전략이다. 기존 드러그스토어들이 빠르고 효율적인 쇼핑에 초점을 맞췄다면, 데엠은 방문한 고객이 머물며 제품을 경험하고, 직원이 자율적으로 일할 수 있도록 설계된 공간을 구현했다. 매장은 진열대와 계산대로 구성된 것이 아니라, 제품과 사람 간의 상호작용이 자연스럽게 일어나는 구조를 갖췄다. 이는 브랜드가 "머물고 싶은 공간"으로 인식되도록 만든 중요한 요소다.

셋째, 사회적 가치와 친환경 정책의 결합이다. 데엠은 친환경 제품 라인(예: 자체 자연-유기 브랜드)을 확대하고 재활용 및 지역사회 프로그램을 활성화해 왔다.

넷째, 온라인과 오프라인의 조화 전략이다. 데엠은 오프라인 매장의 체험형 가치를 유지하면서도, 디지털 플랫폼을 강화해 소비자 경험을 일관되게 관리해 왔다. 이는 사용자가 실제 매장에서 제품을 보고 온라인에서 주문하거나, 온라인에서 상품을 살피고 매장에서 직접 체험하는 등 "온·오프라인이 연결된 쇼핑 경험"을 제공하는 방식이다.

이처럼 데엠은 브랜드 철학을 중심으로 사람-공간-사회-기술 네 가지 요소를 통합함으로써 단순히 물건을 파는 매장이 아니라, 사람이 중심이 된 생활문화 플랫폼으로 성장해 왔다.

4. 사람과 가치를 바꾸다: 데엠의 오늘과 내일

오늘날 데엠은 더 이상 흔한 드러그스토어가 아니다. 고객과 직원, 그리고 사회가 함께 연결되고 사람 중심의 가치가 실천되는 하나의 플랫폼이다. 제품을 구매하는 일 자체가 지속 가능한 소비와 사회적 책임을 실천하는 행위가 되었다.

괴츠 베르너는 말한다.

"기업은 사람과 사회에 도움이 되어야 한다. 그것이 바로 내가 데엠을 시작한 이유이며, 앞으로도 지켜야 할 길이다."

그의 철학은 지금도 데엠 곳곳에 살아 숨 쉬고 있다. 매장과 제품, 직원과 고객을 연결하는 사람 중심 경영의 모든 요소가, 단순한 비즈니스가 아닌 사회적 가치와 신뢰를 구현하는 플랫폼임을 보여 준다.

5. 청소년에게 묻다: 당신은 어떤 영향을 미치고자 하는가?

『철학이 있는 기업』은 괴츠 베르너 개인과 기업의 성공담을 넘어, 철학과 가치가 기업과 사회에 미치는 영향을 보여 주는 기록이다. 그의 삶과 경영 철학은 단순한 경영 지침이 아니라, 불확실한 시대에도 자신만의 이로운 영향을 보이고, 성장과 변화를 이끌어 가는 태도를 우리에게 묻는다.

"당신은 어떤 영향을 미치고자 하는가?"

§ 『철학이 있는 기업』을 읽고 §
신뢰와 일상을 함께하는, 드러그스토어 데엠

1. 독서 동기

이 책을 고르게 된 이유는 '45년 연속 흑자'라는 짧은 브랜드 소개가 "어쩌다가?"라는 호기심을 불러일으켰기 때문이다. 원래 잘 알지 못했던 브랜드였지만, 그 궁금증을 해결하고 싶어 이 책을 선택했다.

2. 도서 요약(브랜드 여정 요약)

『철학이 있는 기업』은 기업의 성공이 단순한 이윤 추구가 아니라, 철학과 가치, 비전이 일관되게 실천될 때 가능하다는 메시지를 담고 있는 책이다. 이 책은 실제 기업 사례를 통해, 철학이 어떻게 경영 전략과 조직 문화, 소비자 경험, 사회적 책임으로 연결되는지를 보여 준다.

책에서는 특히 사람과 삶을 중심에 둔 경영 철학을 실천하는 기업들의 사례를 통해, 기업이 어떻게 장기적인 신뢰를 구축하고 지속 가능한 가치를 만들어 가는지를 구체적으로 보여준다. 단기적 성과나 효율성에 그치지 않고, 철학을 중심에 둔 전략적 의사결정과 명확한 브랜드 정체성이 기업의 성장과 사회적 영향력으로 이어지는 과정을 설명한다.

또한 『철학이 있는 기업』은 철학이 선언에 그치지 않고, 실천과 전략으로 구체화할 때 기업과 사회 모두에게 긍정적 변화를 가져올 수 있다는 점을 강조한다. 이를 통해 기업 경영에서 철학과 가치를 어떻게 연결할 수 있는지에 대한 통찰, 그리고 불확실한 시대에도 자신의 신념을 기반으로 길을 만들어 가는 실천적 지혜를 전한다.

나아가 이 책은 경영서이면서도, 철학과 가치가 살아 있는 기업이 사회와 사람에게 미치는 영향을 담은 기록으로, 현대의 기업과 경영자, 나아가 사회 구성원 모두에게 깊은 시사점을 제공한다.

3. 기억에 남는 문장

"실수는 피할 수 없으며, 어떤 면에서는 꼭 필요하다. 진로를 수정해 주고 올바른 방향을 제시하기 때문이다. 길을 걷다 장애물에 몸을 부딪치는 것과도 같은 이치다. 어딘가에 부딪힐 때마다 우리는 몸을 올바른 방향으로 되돌린다. 사람들은 또 묻는다. 당신은 미래를 위해 어떤 시나리오를 가지고 있느냐고. 나에게 이 질문은 의미가 없다. 나는 언제나 현재, 즉 여기와 지금을 바라보려 하기 때문이다. 그래서 나는 이런 질문이 더 중요하다고 생각한다. '새로운 상황이 벌어졌을 때 우리는 잘 적응할 수 있는가?'"

이 단락이 가장 인상 깊었다. "실수는 피할 수 없으며, 어떤 면에서는 꼭 필요하다."라는 글귀처럼 괴츠 베르너의 질문은 실수와 예상치 못한 상황을 성장과 배움의 기회로 받아들이는 철학과 연결된다. 즉, 장애물에 부딪히고 방향을 수정하는 과정 자체가 개인의 발전과 올바른 길을 찾는 데 필수적이라는 사고방식이 인상 깊었다. 실수와 장애물을 실패가 아니라 학습과 성장의 기회로 바라보고, 미래보다 현재의 적응력과 유연성에 집중하는 태도에서 깊은 울림을 느꼈다.

4. 나에게 준 울림

　기업 경영이 사람과 삶, 사회적 가치와 신뢰를 중심으로 설계될 수 있다는 점이다. 많은 기업이 단기적 성과와 효율성에 치중하는 반면, 베르너는 직원과 고객, 사회를 존중하며 장기적인 신뢰와 지속 가능한 가치를 만들어 가는 것을 핵심으로 삼았고 실수와 장애물조차 성장과 학습의 기회로 받아들이고, 변화에 적응하는 유연성을 중시한 점이 드러나 있다. 즉, "미래를 완벽히 계획하는 것보다, 현재를 충실히 보고 적응하며 길을 만들어 가는 것"이 더 중요하다는 메시지가 마음 깊이 와닿았다.
　또한 개인적으로, 베르너의 이러한 사고방식이 기업과 사회, 개인의 성장 모두를 아우르는 인간 중심적 철학이라는 점이 매우 의미 있게 느껴진다.

5. 추천 대상과 이유

　이 책은 교훈을 전달하는 자기계발서가 아니라, 삶의 방향을 다시 성찰하게 만드는 깊은 여운을 남긴다. 특히 실수와 장애물을 실패로 바라보지 않고 성장의 과정으로 받아들이는 관점이 깊이 와 닿았다. 그래서 이 책을 삶의 불확실한 국면 속에서 흔들리며 나아가는 사람들, 그리고 변화의 순간마다 스스로를 단단히 세워 가고자 하는 사람들에게 추천하고 싶다.
　어쩌면 살아간다는 것은, 끝없이 실수하고 수많은 장애물 앞에 서는 일인지도 모른다. 나는 그런 일이 일어날 때마다 스스로를 책망하거나, 왜 이런 일이 나에게 닥쳤을까 되묻곤 했다. 왜 이런 일이 나에게 닥쳤을까 자문하곤 했다. 그러나 이 책을 읽으며 처음으로 그런 생각이 조금씩 변하기 시작했다. 실수는 단순한 실패가 아니라, 나를 더 단단하게 만드는 과정의 한 조각이라는 사실을 깨닫게 된 것이다.

그래서 이 책을, 나처럼 불완전한 삶 속에서도 조금씩 성장의 의미를 찾아가려는 사람들에게 건네고 싶다. 변화와 불확실함이 가득한 세상 속에서도, 길을 잃고 흔들리는 그 순간이 결국 다시 일어서는 힘이 된다는 것을 믿는 이들에게 전하고 싶다.

책을 읽는 동안 여러 문장들이 내 마음을 붙잡았다. 특히 "실수는 나의 한계가 아니라 가능성의 시작점이다."라는 구절은 오래도록 마음에 남았다. 실패를 두려워하기보다, 그 안에서 무엇을 배울 수 있는가를 묻는 태도야말로 진짜 성장의 출발점이라는 생각이 들었다.

불확실한 길을 걷고 있는 지금의 나에게, 이 책은 "괜찮다, 천천히 가도 된다."라는 말처럼 다정한 위로로 다가왔다. 어쩌면 이 책을 읽게 될 누군가도 나와 비슷한 울림을 느끼지 않을까. 그 울림이 각자의 마음속에서 조용하지만 단단한 변화의 씨앗으로 자라나길 바라며, 이 책을 조심스럽게 추천한다.

§ 드러그스토어 데엠을 탐구하고 §
브랜드 탐구 보고서

1. 기본 정보

브랜드 이름	데엠dm	브랜드 로고	dm
설립 연도	1973년	설립자	괴츠 베르너
브랜드의 국적 (출신 국가)	독일		
대표 제품/서비스	화장품, 건강용품, 가정용품, 생활용품, 유기농 식품 등		

2. 브랜드 소개

1973년 독일 카를스루에에 첫 매장을 연 이래, 데엠은 유럽을 대표하는 드러그스토어 체인으로 자리매김해 왔다. 설립자 괴츠 베르너 Göz Werner의 철학을 바탕으로, 데엠은 생활용품과 화장품을 판매하는 공간을 넘어 건강·뷰티·환경 가치를 중심으로 한 생활 문화 플랫폼으로 발전해 왔다.

오프라인 매장은 독일과 오스트리아를 비롯해 체코, 헝가리, 슬로베니아, 크로아티아 등 동유럽 국가 주요 도시에 위치하며, 넓은 매장 공간과 고객 친화적 배열을 통해 쇼핑 그 이상의 경험을 제공한다. 매장 내 체험 공간, 친환경·유기농 제품 체험, 직원과 고객 간의 소통은 고객이 데엠에서 머물며 인간의 삶에 대한 가치를 느끼도록 돕는다.

디지털 전환에도 선제적으로 대응해, 온라인 쇼핑몰, 모바일 앱, 맞춤형 추천 시스템 등 다양한 디지털 채널을 운영하고 있다. 고객의 구매와 관심사를 분석해 개인 맞춤형 제품을 추천하고, 온라인과 오프라인을 연결하는 옴니채널 경험을 제공하며, 편리하면서도 철학적 가치를 체감할 수 있는 소비 환경을 구축하고 있다.

또한 데엠은 지속 가능성과 사회적 책임을 브랜드 핵심 가치로 삼아 다양한 활동을 전개한다. 유기농·친환경 제품 확대, 재활용 캠페인, 지역 사회 문화 프로그램 참여 등을 통해 고객과 사회 모두에 긍정적 영향을 주고자 하며, 이는 브랜드 철학을 실천으로 연결하는 대표적인 사례다.

이처럼 데엠은 '사람과 삶, 환경과 신뢰를 연결하는 공간'을 지향하며, 앞으로도 지속 가능한 가치와 철학을 바탕으로 고객과 함께 성장하는 생활문화 플랫폼으로 끊임없이 나아가고 있다.

3. 브랜드의 철학과 가치

- 브랜드가 추구하는 가치나 철학

데엠이 추구하는 철학은 한마디로 "사람을 위한, 사람에 의한 기업"이라 할 수 있다. 모든 경영의 중심에 '사람'을 두며, 인간 존중, 공동의 책임, 지속가능성, 그리고 대화와 자율성을 핵심 가치로 삼는다. 데엠은 데엠은 이윤 창출만이 아니라, 사람과 공동체가 함께 성장하는 지속가능한 미래를 지향한다.

인간의 존엄을 지키고, 함께 성장하며, 더 나은 세상을 만들어가는 것, 그것이 바로 데엠이 실천하는 철학이다.

- 브랜드 슬로건

"모든 것은 사람을 위한 것이어야 한다"Hier bin ich Mensch, hier kauf ich ein.

- **슬로건에 담긴 의미**

  요한 볼프강 폰 괴테(Johann Wolfgang von Goethe)의 『파우스트(Faust)』에 등장하는 문구를 인용해 만든 슬로건으로, 인간 중심의 사유와 존재에 대한 깊은 성찰을 담고 있다. 데엠은 이 문구를 통해 '인간다운 삶'과 '존엄한 소비'의 가치를 강조하며, 소비자가 단순히 물건을 사는 존재가 아니라 인간으로서 존중받고, 스스로 선택하는 주체로서의 경험을 누릴 수 있는 공간을 제시한다.

4. 브랜드의 역사와 성장 과정

드러그스토어 데엠은 고객의 삶의 질을 높이고 지속 가능한 사회를 지향하는 철학을 바탕으로 운영되는 브랜드이다. 건강, 뷰티, 생활용품을 아우르며 일상에 필수적인 가치를 제공하는 종합 드러그스토어로 자리매김하고 있다. 창립자 괴츠 베르너의 '인간 중심의 경영과 생활 속에서 더 나은 가치를 제공한다'는 철학을 바탕으로, 독일 카를스루에에서 드러그스토어 데엠이 시작되었다. 당시 드러그스토어는 소규모의 영세한 판매점으로 인식되었지만, 데엠은 셀프서비스형 대형 매장과 합리적인 가격 정책을 도입해 누구나 쉽게 생활필수품과 건강·미용 제품을 구매할 수 있는 새로운 소비문화를 제시하며 큰 반향을 일으켰다.

이후 데엠은 '생활 문화 공간'으로의 정체성을 강화하며 성장해 왔다. 1976년 오스트리아에 첫 해외 매장을 열며 국제 시장으로 진출했고,

1980년대 후반부터는 자체 상표를 선보이며 유기농, 친환경, 자연주의를 담은 상품군으로 차별화를 이루었다.

특히 뷰티브랜드와 자연주의 화장품 브랜드 상품의 구비는 소비자들에게 폭넓은 선택지를 제공하며 데엠을 '가성비와 품질을 겸비한 브랜드'로 인식하게 한 계기가 되었다.

1990년대 이후에는 체코, 헝가리, 슬로베니아, 슬로바키아, 크로아티아 등 동유럽 지역으로 본격적인 매장 확장에 나섰다. 데엠은 매장을 건강·생활 정보를 제공하고, 친환경적 소비와 지속 가능한 라이프스타일을 제안하는 복합문화 공간으로 전환했다.

2000년대에 들어서는 온라인 쇼핑몰과 모바일 앱을 도입하며 디지털 전환에 나섰다. 고객들은 언제 어디서나 손쉽게 상품을 주문하고 정보를 탐색할 수 있게 되었고, 이는 전통적인 오프라인 중심의 유통 구조를 넘어선 중요한 전환점이 되었다. 또한 2017년에는, 알리바바 Tmall 글로벌 입점을 통해 중국 시장에 진출하면서 유럽을 넘어 글로벌 무대로 영역을 확장했다.

최근의 데엠은 최근의 데엠은 지속 가능성과 문화적 가치를 중심에 둔 생활 플랫폼으로 발전하고 있다. 친환경 포장재, 유기농 인증 제품, 재활용 프로그램을 확대하며 환경 문제 해결에 기여하고, 지역 사회와 협력하는 다양한 문화 활동을 통해 '사람과 환경을 함께 존중하는 기업'으로 자리 잡았다. 더 나아가 자동화 물류센터와 혁신적인 공급망 시스템을 통해 효율성과 품질을 동시에 확보하며 소매업의 미래 모델을 제시하며 진화하고 있다.

이렇듯 데엠은 시대의 변화 속에서도 늘 '사람과 삶의 질'을 중심에 두고, 기술 혁신과 지속 가능성의 가치를 결합하며 성장해 왔다. 그 발자취는 유럽 소비문화와 생활양식의 변화를 함께 이끌어 온 역사이기도 하다.

5. 마케팅 전략 분석

데엠의 마케팅 전략은 '사람 중심, 지속 가능성, 자율성'이라는 기업 철학을 구체적인 시장 활동으로 구현하는 과정이라고 볼 수 있다. 이는 기업이 어떻게 철학을 기반으로 경영을 전개하고, 그 철학을 소비자와의 관계, 직원과의 협력, 사회와의 책임에 일관되게 반영할지에 중점을 둔 전략들이다.

- **철학의 일치감을 보이는 마케팅**

  데엠의 슬로건 "Hier bin ich Mensch, hier kauf ich ein."은 마케팅 문구를 넘어, 고객을 단순한 구매자가 아닌 존중받아야 할 인간으로 대하는 태도를 드러낸다. 매장에서 고객이 상품을 구매하는 행위도 '인간적인 경험'으로 만들어야 한다는 신념이 담겨 있어 차별화된 가치를 부각하는 전략으로도 작용한다.

- **단기 경쟁이 아닌 브랜드의 장기 신뢰 유지**

  데엠은 '싸게 많이 파는 전략' 대신 자체 브랜드들을 육성해 차별화를 이루었다.
  이러한 자체 브랜드의 제품들은 단순히 저가 제품이 아니라, 품질과 신뢰의 상징으로 자리를 잡았으며, 특히 alverde는 자연주의, dmBio는 유기농이라는 가치 지향을 담고 있어, 소비자가 제품을 구매하면서도 "더 나은 삶의 방식"을 선택했다는 의미를 경험할 수 있게 했다.

이러한 마케팅 전략은 기업의 브랜드가 상품명이 아니라 철학의 매개체가 되어야 함을 강조한다. 철학의 매개체가 되어야 한다고 강조하고, 데엠의 자체 브랜드들은 바로 그 철학을 소비자 일상 속에 침투시키는 실천적 장치였다고 인식된다.

- **환경적 지속 가능성과 사회적 사명을 담은 마케팅**

친환경 포장재와 재활용 캠페인, 유기농 인증 확대, 지속할 수 있는 공급망 관리 등 데엠은 일찍부터 환경적 지속 가능성을 경영의 핵심 축으로 삼았고, 이런 활동들은 기업의 사회적 책임의 차원을 넘어, 기업 존재 이유와 철학을 시장에서 구현하는 과정이었다.

이는 기업이 사회적 요구를 수동적으로 수용하는 것이 아니라, 미래 세대의 가치를 능동적으로 창출하는 주체로 기능한다는 점에서 고객의 소비를 증대하는 데 효과적이다.

- **디지털 전환과 옴니채널을 도입한 마케팅**

2010년에 들어 데엠은 온라인 쇼핑몰, 모바일 앱, 디지털 쿠폰, 개인 맞춤 추천 등 옴니채널 전략을 도입했다. 이는 단순히 유통 경로를 확장한 것이 아니라, 사람 중심 철학을 디지털 환경에 맞게 재해석한 시도라 할 수 있다.

즉, 고객이 오프라인 매장에 오지 않아도 동일하게 존중받고 편리함을 경험할 수 있어야 한다는 철학이 기술과 접목된 것이라고 할 수 있다.

6. 경쟁 브랜드와의 차별점

데엠은 Rossmann, Müller와 같은 경쟁 드러그스토어 브랜드들과는 뚜렷하게 구분되는 철학적 경영과 가치 지향적 전략을 통해 독자적인 정체성을 구축하고 있다. 특히 대대적인 광고나 가격 경쟁에 의존하지 않고, 자체 브랜드를 중심으로 한 친환경·지속 가능한 제품군과 '사람 중심 경영 철학'을 기반으로 고객과 장기적인 신뢰 관계를 형성해 온 점은 데엠만의 대표적인 특징이다.

- **광고보다는 자체 브랜드 육성과 철학적 브랜드 이미지 구축에 주력**
  경쟁사인 Rossmann은 독일 내에서 데엠의 가장 큰 경쟁자다. 두 브랜드 모두 저렴한 가격과 다양한 생활용품을 제공하지만, 전략적 차이는 분명하다. Rossmann은 가격 할인과 전통적 광고 중심의 마케팅 전략을 유지하는 반면, 데엠은 철학적 브랜드 이미지 구축과 자체 브랜드 육성에 집중하며 고객 신뢰와 장기적 관계를 핵심 가치로 삼고 있다.

- **일상과 밀착된 상품의 구비로 인한 친밀한 접근성 강화**
  또 다른 경쟁사인 Müller는 드러그스토어라기보다 백화점형 종합 리테일러에 가깝다. 화장품, 장난감, 문구류, 심지어 가전까지 다양한 카테고리를 보유하며, 매장도 대형화된 복합 매장 중심이다. Müller는 원스톱 쇼핑의 경험을 제공하지만, 데엠은 생활필수품과 건강·친환경 제품에 집중하며 구비해, 접근성을 강화한다.

- **'일상성, 접근성'의 가치 중시**
  또 다른 경쟁사인 영국의 Boots의 경우, 글로벌 드러그스토어 체인이며 건강·뷰티 전문성과 약국 서비스가 강점이다.
Boots의 주력 상품은 의료·약국 기능과 프리미엄 뷰티 라인을 통해 전문성을 강조한다.
반면 데엠은 의료적 전문성의 보급화의 지향보다는 접근성, 지속 가능성, 일상적인 소비자 경험에 방점을 둔다.

이처럼 데엠은 Rossmann, Müller와 같은 경쟁 드러그스토어 브랜드들과는 뚜렷하게 구분되는 철학적 경영과 가치 지향적 전략을 통해 독자적인 정체성을 구축하고 있다. 또한 '가치 소비와 신뢰'라는 경험을 제공하는 데 집중해 왔다. 친환경·유기농 중심의 자체 브랜드 제품, 고객이 편안하게 쇼핑할 수 있는 여유 있는 매장 환경, 그리고 직원과 고객 간의 따뜻한 소통은 단순한 가격 경쟁을 넘어서는 차별적 강점이다. 이러한 전략은 '사람 중심 경영 철학'을 기반으로 고객과 장기적인 신뢰 관계를 형성해 온 점이 고객들이 구매를 넘어 브랜드 안에서 머물고 싶어 하는 경험을 하게 되었고, 이는 데엠의 독보적인 정체성을 형성하는 핵심 요인으로 작용했다.

7. 개인적인 생각

데엠이 추구하는 지속 가능한 가치와 친환경 실천은 깊은 울림을 준다. 유기농·자연주의 제품 개발, 재활용 캠페인, 지역 사회 참여와 같은 활동은 소비와 삶, 사회와 환경을 유기적으로 연결하는 철학적 실천으로 다가온다. 이를 통해 데엠은 선한 영향력을 확산하는 존재로 느껴진다. 신뢰와 가치를 소비자와 나누고, 사회와 환경에 긍정적인 변화를 만들어 가며, 단기적 만족이 아닌 장기적이고 의미 있는 경험을 제공한다.

이러한 철학과 실천이 일상 속에서 자연스럽게 드러나는 브랜드라는 점에서, 데엠은 '좋은 기업'을 넘어 지속가능성과 인간 중심 가치를 실천하는 특별한 브랜드라고 생각한다.

8. 출처

- dm-drogerie markt 데엠 홈페이지(dm.de)
- '같이 가치' DM Deutchland의 지속가능 경영 / 데일리트렌드. 2020.04.10.
- 일하지 않는 자도 먹을 권리 있다 / 주간경향. 2011.05.04.
- 獨국민기업 CEO의 훈수…"사람 사랑하는 경영자가 성공" / 매일경제. 2019.07.11.
- 괴츠 W. 베르너, 《철학이 있는 기업》, 센시오, 296쪽.

10
페이스북

돈이 아닌 가치로 증명한
젊은 억만장자의 신념

"세상을 연결하자."

페이스북을 창립한 마크 저커버그의 철학은 세상을 연결하겠다는 거대한 꿈에서 출발했다.

고등학생이던 그는 돈보다 흥미를 택했다. 세상의 유혹을 뿌리치고, 오직 자신이 즐거워하는 개발에 몰두했으며, 그 열정은 결국 페이스북이 탄생하는 결정적 기반이 되었다.

저커버그는 '돈이 다가 아니다.'라는 생각을 행동으로 증명했는데, 실제로 세계적인 억만장자가 된 이후에도 전 재산의 99퍼센트를 사회에 환원하기로 결정했다.

그의 신념은 이익을 쫓는 기업가가 아니라, 세상을 더 개방적이고 평등하게 만드는 창업자라는 정체성을 보여 준다. 그러한 그의 철학은 꿈과 재미 그리고 연결의 가치를 끝까지 붙잡았기 때문에 따라올 수 없는 독창성과 영향력을 가질 수 있었다.

1. 세상을 연결하는 페이스북의 시작

페이스북의 창립자 마크 저커버그는 '돈보다 꿈과 재미가 중요하다.'라는 뚜렷한 철학을 가지고 있었다. 그는 고등학생 시절에도 거대 기업에서 제안한 돈보다 자신이 진짜 하고 싶은 개발을 선택했다.

하버드 대학 시절, 학생들이 서로 소통하고 연결될 수 있도록 만든 작은 서비스가 바로 페이스북의 시작이었다. 저커버그는 '세상의 모든 사람을 연결하겠다'는 목표를 가졌고, 그것이 오늘날 세계 최대의 SNS 플랫폼으로 성장하는 출발점이 되었다.

2. 작은 재미에서 시작된 거대한 세상

페이스북은 처음에는 하버드 학생들만을 위한 서비스였다. 그러나 저커버그는 빠르게 그 범위를 넓혀 미국 전역의 대학, 그리고 전 세계로 확장시켰다. 성장의 과정에서 그는 수많은 도전에 직면했다. 야후의 10억 달러 인수 제안을 거절하고 자율적 성장을 선택했으며, 서비스 확장에 주력했다. 그러나 정치·사회적 영향력이 확대되면서, 페이스북은 긍정적 평가와 동시에 여러 비판과 규제를 받게 되었다.

하지만 저커버그는 변화를 두려워하지 않고 플랫폼을 계속 발전시키며 지금의 페이스북을 만들었다.

3. 도전과 변화를 두려워하지 않는 저커버그

페이스북은 전 세계 이용자들을 연결하는 글로벌 소셜 플랫폼으로 자리 잡았다. 사람들이 소통하고, 정보를 공유하고, 공동체를 만들 수 있는 공간이 되었다는 점에서 '연결'은 여전히 브랜드의 핵심 가치다.

또한 저커버그가 전 재산의 99퍼센트를 기부하겠다고 선언한 것처럼, 기업의 이익을 넘어 더 나은 세상을 만들겠다는 가치를 추구하고 있다.

4. 사회에 남긴 거대한 흔적

페이스북은 정치, 경제, 문화 등 여러 영역에 큰 영향을 미쳤다. 2008년 미국 대통령 선거에서는 '페이스북 선거'라는 말이 생길 정도로 정치 참여 방식을 바꿨고, 사회적 이슈를 전 세계 사람들과 함께 공유할 수 있는 장을 만들었다.

또 소규모 기업이나 개인 창작자들이 자신의 상품이나 콘텐츠를 알릴 수 있는 기회를 제공하면서 경제적 기회도 확대했다. 그러나 동시에 가짜 뉴스나 개인정보 문제 같은 부정적인 영향도 있었다. 그럼에도 불구하고 사회 전반에 새로운 소통 문화를 만든 브랜드라는 점은 부정할 수 없다.

5. 청소년에게 묻다: 내가 하고 싶은 일은?

저커버그의 이야기는 청소년들에게 여러 가지 질문을 던진다. "나는 돈을 위해 공부하고 있는 걸까?", "내가 진짜 하고 싶은 일은 무엇일까?", "내가 즐거워하는 일이 세상에 도움이 될까?"와 같은 질문이다.

또한 그의 삶은 청소년들에게 "나이와 환경에 상관없이 꿈을 향해 도전할 수 있다."라는 영감을 준다. 실패를 두려워하지 않고 자신만의 길을 가는 용기, 그리고 돈보다 가치 있는 것을 추구하는 태도가 우리 세대에게 큰 울림을 준다.

그리고 마지막으로 우리에게 이런 질문을 남긴다.

"나는 성공을 좇는가, 아니면 의미를 만들어 가는가?"

§ 『저커버그의 이야기』를 읽고 §
돈보다 꿈을 좇던 저커버그의 철학

1. 독서 동기

나는 평소에 SNS를 자주 쓰는 편이다. 친구들과 사진을 공유하거나, 멀리 있는 사람들과 소식을 나눌 때 SNS만큼 편리한 건 없다. 그중에서도 페이스북은 '전 세계 사람들이 쓰는 플랫폼'이라는 이미지가 강했다. 그런데도 정작 이 서비스를 만든 사람이 어떤 사람인지, 어떤 생각을 가지고 있었는지는 잘 몰랐다. 그러던 중 『저커버그의 이야기』라는 책이 한눈에 들어왔다. 돈보다 '꿈과 재미'를 위해 달려온 사람이라니, 도대체 어떤 인생을 살아왔을지 정말 궁금해졌다. '부자들은 대부분 돈을 벌기 위해 열심히 사는 거 아닌가?'라는 고정관념이 있었던 나에게 이 책은 신선한 질문을 던졌다. 그래서 망설이지 않고 이 책을 읽기로 했다.

2. 도서 요약(브랜드 여정 요약)

마크 저커버그는 미국 뉴욕 주에서 태어나 균형 잡힌 교육을 받으며 자란 컴퓨터 영재였다. 그의 아버지는 치과 의사였고, 어머니는 정신과 의사 출신이었다. 어린 시절부터 컴퓨터와 코딩에 관심이 많았고, 고등학교 시절에는 '시냅스'라는 사용자 취향 맞춤형 음악 프로그램을 개발했다. 이 프로그램은 당시 글로벌 기업이었던 마이크로소프트와

AOL에서 1백만 달러에 인수하겠다는 제안을 받을 만큼 뛰어난 작품이었다. 그러나 저커버그는 돈에 흔들리지 않았다. 진짜 멋진 개발자가 되려면 돈이 아니라 자신의 신념과 꿈을 따라야 한다고 생각했기 때문이다.

이후 하버드 대학에 진학해 '더페이스북The Face-book'을 만들었다. 처음에는 하버드 학생들끼리만 쓰던 서비스였지만, 곧 미국 전역의 대학으로 확장되었다. 저커버그는 사업에 전념하기 위해 하버드를 중퇴하고 '페이스북 주식회사'를 설립했다. 2006년, 야후가 10억 달러에 회사를 사겠다고 제안했지만 그는 이를 거절하고 더 큰 미래를 그렸다.

페이스북은 2008년 미국 대통령 선거에서 '페이스북 선거'라는 별명을 얻을 만큼 정치, 사회 전반에 큰 영향을 미쳤다. 2010년에는 『포브스』가 '세계에서 가장 젊은 억만장자 1위'로 선정했고, 같은 해 『타임』이 '올해의 인물'로 뽑았다. 하지만 그의 진짜 놀라운 행보는 2015년에 있었다. 그는 자신의 페이스북 지분 99퍼센트, 한화로 약 52조 원을 기부하겠다고 발표했다. 질병 없는 세상, 평등한 기회, 그리고 인류의 가능성을 확장하는 세상을 만들고 싶다는 그의 선언은 많은 사람들에게 깊은 울림을 주었다.

3. 기억에 남는 문장

"지구상의 모든 이를 연결하겠어. 그럼 재미있는 일들이 많이 일어날 거야!"

이 문장은 단순하지만 강력했다. '연결'이라는 단어 속에는 사람과 사람을 이어주겠다는 기술적 목표뿐만 아니라, 그로 인해 세상이 변화할 수 있다는 믿음이 담겨 있었다. 나 같으면 '재미있는 일'이란 말 대신 거창한 표현을 썼을지도 모른다. 하지만 저커버그는 그렇게 단순하게 표현함으로써 오히려 진심을 전했다.

4. 나에게 준 울림

이 책을 읽으며 내가 평소에 얼마나 '결과'만을 중요하게 여겼는지 깨달았다. 저커버그는 세계에서 가장 젊은 억만장자가 되었지만, 그 목표가 돈이 아니었다. 그는 '재미'와 '사람을 연결하는 가치'를 위해 끊임없이 도전했다. 나도 진로를 고민할 때, 안정적인 직업이나 높은 연봉만 생각했던 것 같다. 하지만 이 책은 나에게 '내가 진짜 하고 싶은 일'을 먼저 찾으라는 메시지를 주었다. 인생의 나침반은 타인의 시선이 아니라, 내가 느끼는 즐거움과 보람임을 깨달았다.

5. 추천 대상과 이유

이 책을 진로 고민을 하는 또래 친구들에게 추천하고 싶다. 특히 '지금 뭘 해야 할지 모르겠다'고 느끼는 친구들에게 좋은 자극이 될 것이다. 저커버그의 이야기는 환경이나 나이보다 중요한 건 '꿈을 향한 열정'임을 보여 준다. 이 책을 읽고 나면, 지금 가진 조건이 부족하더라도 시도해볼 용기가 생길 것이다. 그리고 그 과정에서 돈보다 중요한 가치를 발견하게 될지도 모른다.

§ 페이스북을 탐구하고 §
브랜드 탐구 보고서

1. 기본 정보

브랜드 이름	페이스북 Face-book	브랜드 로고	f
설립 연도	2004년	설립자	마크 저커버그
브랜드의 국적 (출신 국가)	미국		
대표 제품/서비스	플랫폼, 메신저, 페이스북 페이지, 메타 비즈니스 스위트 등		

2. 브랜드 소개

페이스북Face-book은 2004년 하버드 대학의 기숙사 방에서 시작된 작은 소셜 네트워크로, 마크 저커버그와 동료들이 함께 만든 서비스다. 초기 이름은 'The Face-book'이었고, 가입 대상은 하버드 대학생이었다. 하지만 서비스의 인기로 빠르게 확장되어 미국과 캐나다의 다른 대학으로 퍼졌고, 결국 2006년에는 이메일만 있으면 누구나 사용할 수 있는 글로벌 플랫폼이 되었다.

페이스북은 SNS를 넘어, 전 세계 사람들이 소통하고 정보를 나누며 커뮤니티를 형성하는 핵심 공간이 되었다. 사명이 메타(Meta)로 바뀐 지금, 페이스북은 여전히 사람과 사람을 잇는 중심에 있다. 인스타그램과 왓츠앱 등과 함께 거대한 디지털 생태계를 이루며, 전 세계가 연결되는 플랫폼의 심장 역할을 하고 있다.

3. 브랜드의 철학과 가치

페이스북의 철학은 창립 초기부터 명확하다. 저커버그는 IPO 등록 문서에서 "회사는 원래 세상을 더 개방적이고 연결된 곳으로 만들기 위해 세워졌다."라고 강조했다. 그는 이를 인쇄기나 텔레비전 같은 혁신적인 발명품에 비유하며 정보와 인간관계의 구조를 변화시키려는 목표를 지녔다.

이 철학을 로고에도 담았는데, 페이스북의 파란 로고는 신뢰와 소통을 상징하고, 소문자 폰트는 권위보다는 수평적인 관계, 즉 열린 커뮤니티의 이미지를 전달한다. 이러한 철학적 가치는 마케팅 전략을 넘어, 브랜드의 본질로서 일관된 메시지를 전달하도록 만든다.

4. 브랜드의 역사와 성장 과정

페이스북의 성장은 디지털 시대 소셜 네트워크의 진화를 대표한다.
2004년 2월, 하버드대 학생 마크 저커버그가 '더페이스북(TheFacebook)'을 개설하면서 서비스가 시작되었다. 처음에는 하버드 학생만 이용할 수 있었지만 인기가 확산되며 미국과 캐나다 주요 대학으로 퍼졌고, 2005년 'Facebook'으로 이름을 바꾸었다.
2006년에는 13세 이상 누구나 가입할 수 있도록 개방하면서 전 세계 이용자에게 문을 열었다. 같은 해 도입된 '뉴스 피드(News Feed)'는 친구들의 활동을 실시간으로 보여주며 사용자 간 소통을 혁신적으로 확장시켰다.

2007년에는 F8 개발자 콘퍼런스를 개최해 플랫폼을 외부 개발자에게 개방했다. 이로써 다양한 애플리케이션과 게임이 등장하며 페이스북은 단순한 소셜 네트워크를 넘어 독립적인 디지털 생태계를 구축했다.

2012년 5월, 페이스북은 나스닥(NASDAQ)에 상장하며 약 1,040억 달러의 기업 가치를 인정받아 세계 최대 규모의 기술 기업 IPO로 주목받았다. 같은 해 모바일 앱을 강화하고, 이후 인스타그램(2012년)과 왓츠앱(2014년)을 인수하면서 소셜 네트워크의 범위를 확대했다.

성장 과정에서 페이스북은 기술뿐 아니라 비즈니스 모델에서도 변화를 거듭했다. 초기에는 사용자 간 소통과 네트워크 형성을 중심으로 한 플랫폼이었지만, 2008년 쉐릴 샌드버그 최고운영책임자(COO)가 합류하면서 '참여형 광고engagement ads' 전략을 도입해 광고 중심의 수익 모델을 확립했다. 이를 통해 기업과 사용자가 상호작용하는 광고 생태계를 구축하며 안정적인 수익 기반을 마련했다.

2021년, 페이스북은 사명을 '메타(Meta Platforms, Inc.)'로 바꾸며 메타버스 기업으로의 전환을 공식화했다. 현재는 인공지능(AI)과 메타버스 기술을 중심으로 디지털 생태계를 확장하고 있다. 대학생 네트워크로 시작한 작은 웹사이트는 이제 전 세계 수십억 명을 연결하는 거대한 플랫폼으로 성장하며, 사람들의 소통과 연결 방식을 새롭게 정의한 브랜드로 자리 잡았다.

5. 마케팅 전략 분석

페이스북의 마케팅 전략은 '데이터 기반 맞춤형 광고'라는 명확한 방향 아래 체계적으로 발전해 왔다. 이 플랫폼은 전 세계 이용자의 활동 데이터를 정교하게 분석하여 광고 효율을 극대화했으며, 디지털 광고 시장의 판도를 근본적으로 바꾸어 놓았다.

페이스북은 이용자의 관심사, 행동 패턴, 친구 관계, 위치 정보 등을 수집하고 이를 인공지능 알고리즘으로 분석해 개별 사용자에게 가장 적합한 광고를 노출시킨다. 이러한 맞춤형 광고는 광고주에게 높은 전환율을, 사용자에게는 흥미 있는 정보 노출을 제공함으로써 양측의 만족도를 동시에 높이는 구조를 만든다.

광고 성과를 측정하고 최적화하기 위해 페이스북은 A/B 테스트[1]를 광범위하게 활용한다. 동일한 광고 캠페인 내에서 문구, 이미지, 노출 시간 등 여러 요소를 달리한 버전을 동시에 운영한 뒤, 반응이 가장 좋은 조합을 실시간으로 분석해 최종 광고로 선정한다. 이를 통해 불필요한 광고비를 절감하면서 효율을 극대화한다.

또한 기업과 브랜드는 비즈니스 페이지[2]를 통해 이용자와 직접 소통하며 브랜드 충성도를 높인다. 단순 광고 노출을 넘어, 댓글과 메시지, 이벤트를 활용해 고객과 상호작용하는 '참여형 마케팅'이 가능해졌다. 이는 브랜드 커뮤니티 형성으로 이어져 장기적인 고객 유지에 기여한다.

콘텐츠 측면에서도 페이스북은 플랫폼 활용도를 적극적으로 높이는 전략을 펼쳤다. 텍스트 중심에서 벗어나 이미지, 동영상, 라이브 스트리밍, 링크 콘텐츠를 결합한 다채로운 형태의 게시물을 장려함으로써 사용자 체류 시간을 늘리고, 동시에 광고 노출 기회를 자연스럽게 확대했다. 특히 동영상 광고는 자동재생 기능과 함께 높은 시청률을 기록하며 수익의 주요 축으로 자리 잡았다.

이와 같은 데이터 분석, 실험적 접근, 사용자 참여 확대 전략을 통해 페이스북은 광고 수익의 대부분을 디지털 광고에서 창출하고 있다. 실제로 전체 매출의 97% 이상이 광고에서 발생하며, 이러한 구조는 글로벌 기업들이 페이스북을 핵심 마케팅 채널로 선택하는 이유가 되고 있다. 이로써 페이스북은 브랜드 가치와 수익 구조를 동시에 강화한, 성과 중심의 대표적인 디지털 마케팅 모델로 평가받고 있다.

  1) A/B 테스트: 하나의 광고를 여러 버전을 동시에 운영해 반응이 좋은 광고만 최종 선택하는 전략.
  2) 비즈니스 페이지: 기업이 페이스북 내에서 공식 브랜드 공간을 직접 운영할 수 있도록 하는 기능.

6. 경쟁 브랜드와의 차별점

페이스북은 '연결의 철학', '글로벌 네트워크', 그리고 '데이터 활용력'을 유기적으로 결합한 통합 생태계를 통해 경쟁 브랜드와 뚜렷이 구별되는 존재감을 만들어왔다.

페이스북은 처음부터 '사람과 사람을 연결한다'는 목표를 기반으로 플랫폼을 설계했다. 친구 추가, 뉴스 피드, 좋아요, 댓글, 공유 기능 등은 사용자가 관계를 유지하고 확장하도록 유도하며, '상호작용 중심의 소셜 경험'을 제공한다. 이러한 구조는 사용자의 체류 시간을 늘리고, 자연스럽게 광고 노출과 참여율을 높이는 선순환을 만든다. 다른 SNS가 콘텐츠 소비에 초점을 맞춘다면, 페이스북은 '관계 유지'라는 인간의 본질적 욕구를 디지털 공간에서 실현시킨 플랫폼이라 할 수 있다.

또한 개발자 및 광고 생태계의 개방성은 페이스북만의 차별화된 강점이다. 2007년 'F8 개발자 콘퍼런스'를 통해 외부 개발자에게 플랫폼을 개방하면서 수천 개의 앱과 서비스가 페이스북과 연동될 수 있는 기반을 마련했다. 이를 통해 기업과 개인 개발자는 광고, 게임, 콘텐츠 등 다양한 비즈니스 모델을 구축할 수 있었으며, 인스타그램·메신저·왓츠앱 등 자회사 서비스와의 연계를 통해 통합 마케팅이 가능해졌다. 이러한 확장성은 트위터나 틱톡 등 경쟁 플랫폼보다 훨씬 넓은 마케팅 네트워크를 형성하게 했다.

무엇보다 데이터 기반의 비즈니스 모델은 페이스북의 핵심 경쟁력으로 평가된다. 전 세계 20억 명이 넘는 사용자의 행동 데이터를 실시간으로 수집·분석해 광고 타깃팅과 서비스 개선에 활용한다. 사용자의 클릭, 좋아요, 위치, 친구 관계, 관심사 등이 세밀하게 분석되어 광고 효율을 극대화하고, 기업이 특정 소비자군에 맞춘 정밀한 마케팅 전략을 수립할 수 있도록 돕는다. 이러한 데이터 활용력은 사용자에게 맞춤형 콘텐츠를 제공함으로써 플랫폼 충성도를 높이는 효과도 가져왔다.

이처럼 연결 중심의 철학과 글로벌 네트워크, 그리고 데이터 활용력이 유기적으로 맞물리며, 페이스북은 디지털 커뮤니케이션과 마케팅의 핵심 플랫폼으로 자리매김했다. 이는 사용자, 개발자, 광고주가 모두 참여하는 하나의 글로벌 네트워크 생태계를 완성한 결과라 할 수 있다.

7. 개인적인 생각

페이스북이 '연결'이라는 철학을 바탕으로 성장한 브랜드이자, 데이터 기반 전략으로 시장의 흐름을 바꾼 기업이라는 점에서 깊은 인상을 받았다.

특히 광고와 기술을 결합해 개인의 흥미와 행동을 분석하고, 그에 맞는 맞춤형 경험을 제공하는 방식은 여전히 놀랍다. 그러나 동시에 개인정보 보호, 가짜 뉴스 확산, 에코 챔버(동조 집단화)와 같은 문제들은 앞으로 반드시 해결해야 할 중요한 과제로 보인다.

이 탐구를 통해 나에게도 하나의 질문이 생겼다.

"기술이 발전할수록, 윤리적 책임은 어떻게 조화를 이루어야 할까?"

이 질문은 단순히 기업의 과제가 아니라, 디지털 시대를 살아가는 우리 모두가 어떤 시민으로 살아가야 하는가를 깊이 성찰하게 만든다.

8. 출처

- 메타((formerly Facebook) 홈페이지(meta.com/ko)
- 페이스북, 사명 '메타'로 바꾼다…"메타버스 선도할 것" / 이데일리. 2021.10.29.
- 페이스북의 메타버스 선언, 국내 기업이 주목해야 할 메시지는? / 아주경제. 2021.10.31.
- 페이스북, 커넥티비티, AI, VR에 꾸준히 투자한다…개발자 콘퍼런스 'F8' 성료 / Platum. 2017.04.20.
- 또 다른 10년 준비하는 페이스북 / 주간경향. 2016.04.18.
- 마크 저커버그 페이스북 CEO "모바일 플랫폼에 주력하겠다" / 조선비즈. 2014.05.01.
- 페이스북, 새 전략 5가지 뜯어보니 / 조선비즈. 2015.03.27.
- 저커버그 "누구나 무엇이든 공유하게"…페이스북 10년 로드맵 공개 / 브릿지경제. 2016.04.13.
- 주디 L. 해즈데이,《저커버그 이야기》, 움직이는서재, 296쪽.

11

스페이스X

창의적인 생각으로 미래를 연 사람, 일론 머스크의 꿈

"실패를 두려워하지 않는 마음이 진정한 혁신을 만든다."

테슬라와 스페이스X를 만든 혁신의 아이콘 일론 머스크는 어린 시절부터 뛰어난 이해력과 배움에 대한 끊임없는 열정을 지니고 있었다. 이는 수많은 실패 속에서도 흔들리지 않는 그의 집념과 비전을 상징한다. 실패를 두려워하지 않는 태도는 개인의 신념에서 비롯되는 것이 아니라, 새로운 가능성을 끊임없이 탐구하는 호기심과 창의적 아이디어에서 비롯된다. 이러한 일론 머스크의 태도가 혁신을 가능하게 하는 원동력이자 다양한 산업에서 미래를 만들어 나가는 힘이 되었다.

1. 남아프리카에서 우주까지: 폭력, 이주, 집념

일론 머스크는 남아프리카공화국에서 태어났다. 그는 독특한 성격과 지식을 향한 갈망 때문에 또래 아이들에게 따돌림과 폭력을 당했었다. 계단 아래로 밀려 코뼈가 부러지는 일도 있었다. 부모님의 이혼 이후 아버지와 살며 전기와 기계에 관심을 키웠지만, 정서적으로 갈등이 컸던 아버지를 떠나 동생과 함께 캐나다로 향했다. 캐나다와 미국을 오가며 물리학과 경제학을 공부한 그는, 밤낮으로 책과 컴퓨터에 몰두하며 자신만의 길을 찾기 시작했다. 청년 시절 동생과 함께 첫 스타트업 'Zip2' 창업을 시작으로 인터넷과 기술 산업에서 연이어 성공을 거두었다. 하지만 일론 머스크는 "인류의 생존을 위해서는 화성으로 가야 한다."라며 2002년, 민간 우주 기업 스페이스X를 세웠고, 전 세계가 비웃는 가운데 첫 로켓을 발사했다가 세 번 연속 실패했다. 하지만 그는 물러서지 않았고, 결국 네 번째 도전에 성공하며 로켓을 재사용 할 수 있지 않을까 하는 생각을 실제로 실행하며 2010년 원가를 절감하는 혁신을 보여줬다.

2. 지구를 위한 전기차, 테슬라

스페이스X가 우주를 향한 꿈이었다면, 테슬라는 지구를 위한 도전이었다. 전 세계가 여전히 내연기관에 의존하던 2004년, 그는 전기차를 실제로 만들어 내며 기술적으로 불가능하다고 여겨졌던 전기차를 디자인과 성능, 지속 가능성을 모두 갖춘 새로운 교통수단으로 재정의하려 했다. 초기에는 원가 문제와 생산 지연 등에 부딪혔고 언론과 투자자들로부터 혹평을 받았다. 하지만 머스크는 스스로 모델 S의 설계와 개발에 본인이 직접 뛰어나가는 집념을 보인다. "세상을 바꾸기 위해서는 40시간이 아닌 120시간을 일하겠다."가 입버릇인 만큼 혁신을 현실로 바꾸어 가는 데에 진심이었다. 테슬라는 점차 전기차의 패러다임을 바꾸며 자동차 산업을 뒤흔들며 오늘날 세계 최고의 전기차 기업 중 하나로 성장했다.

3. 테슬라와 스페이스X는 혁신의 상징이다

- **핵심 철학: 인류의 미래를 위한 존재**

  일론 머스크는 이 기업들을 각각 "지속 가능한 에너지로의 전환 가속화"와 "인류의 다행성multiplanetary 생존"이라는 미래 지향적 목표 아래 세웠다. 이러한 철학은 브랜드의 존재 이유이자 브랜드의 존재 이유이자 기업 정체성을 나타낸다.

- **머스크만의 방식**

  머스크는 문제 해결 과정에서 'first-principles thinking', 즉 기존의 관념이나 관습이 아닌 근본 원리부터 다시 사고하는 방식을 중요하게 여긴다. 이러한 사고방식 덕분에 테슬라의 전기차와 스페이스X의 재사용 로켓과 같은 혁신이 가능했다. 그는 "실패가 없으면 혁신도 없다Failure is an option here"며 실패를 두려워하지 않는 도전의 문화를 만들어갔다. 그는 빠른 실행력과 집중적인 추진력을 바탕으로 혁신을 만들어내고, 고강도의 업무 문화를 통해 조직의 지속 가능성을 유지하고 있다. 이러한 접근 방식이 있었기에, 테슬라의 전기차와 스페이스X의 재사용 로켓 같은 혁신이 세상에 등장할 수 있었다.

- **실행 문화: 속도와 헌신**

  테슬라와 스페이스X 모두 '속도와 집중력'이 혁신의 핵심으로 자리 잡았다.

  머스크는 효율성을 높이기 위해 불필요한 회의를 최소화하고, 직원들에게 높은 기준과 빠른 실행력을 요구하는 강도 높은 업무 문화를 구축하고 있다.

- **지속 가능한 확장력: 스케일과 구조 혁신**

  테슬라는 고가의 소량 생산으로 출발해 점차 대량 생산 체제로 전환했고, 스페이스X는 재사용 로켓 시스템을 통해 비행 비용을 획기적으로 낮췄다.

  즉, 가격 경쟁력과 효율성을 동시에 확보한 '기술-규모 융합 전략'

이 두 브랜드의 장기 성장 전략의 핵심이라 할 수 있다.

4. 한 사람의 꿈으로 세상을 바꾸다: 혁신의 오늘과 내일

스페이스X는 2002년 일론 머스크에 의해 설립된 이후, 민간 우주산업의 판도를 바꾸며 급격한 성장을 이루어 냈다.

2008년 '팰컨 1(Falcon 1)'의 궤도 진입 성공, 2012년 '드래곤' 우주선의 국제우주정거장 도킹, 2015년 재사용 가능한 로켓 착륙 성공 등 기술 혁신을 거듭하며 우주 탐사의 새로운 장을 열었다.

이러한 성장은 끊임없는 도전과 혁신, 그리고 실패를 두려워하지 않는 실행력에 기반한다.

현재 스페이스X는 기술 혁신을 통해 미래 우주 시대를 개척하는 데 주력하고 있다. 대형 프로젝트인 'Starship' 개발이 진행 중이며, 2024년에는 궤도 시험비행을 성공적으로 수행하고 초대형 로켓 부스터 회수 등 새로운 기술적 진전을 이루어 냈다.

또한, 저지연 위성인터넷망 사업인 'Starlink'를 지속적으로 확장하며, 우주 기반 통신 인프라 시장을 선도하고 있다.

5. 청소년에게 묻다: 너만의 '도전'은 무엇인가?

일론 머스크는 완벽한 환경에서 자란 사람이 아니다.

그는 책을 통해 자신의 철학을 세우고 세상을 변화시키고자 했다.

그 비전에는 많은 사람들의 비난 속에서도 결코 포기하지 않는 집념이 담겨 있다.

불가능을 현실로 만들어내려는 그의 도전은, 한 사람의 삶이 세상을 바꿀 수 있음을 보여주는 독특한 증거이자 머스크만의 목표였다.

그가 없었다면 뛰어난 기술 발전은 없었을 것이다. 그는 사람들에게 말한다.

"나는 가능성을 만들어 간다."

> § 『일론 머스크:
> 테슬라와 스페이스 엑스를 만든 혁신의 아이콘』을 읽고 §
>
> # 끝없는 아이디어와 도전으로
> # 세계의 변화를 끌어내다

1. 독서 동기

일론 머스크는 전 세계적으로 가장 유명하고 영향력 있는 CEO 중 한 명이다. 그는 엄청난 천재성과 기술 혁신을 통해 세상의 변화를 만들어 가고 있다. 그런 사람의 삶은 어땠는지, 또 무엇이 그를 움직이게 만들었는지 궁금해 이 책을 선택하게 되었다. 나 또한 미래에 세상을 변화시키는 사람, 내가 믿는 가치를 실현하면서 자연스레 경제적인 성공도 함께 이루는 사람이 되고 싶기 때문에, 그의 생각과 선택들을 들여다보고 싶었다.

2. 도서 요약(브랜드 여정 요약)

어릴 때부터 책읽기를 좋아하고, 한번 본 건 잘 잊지 않을 만큼 기억력이 뛰어났던 일론 머스크는 '인류를 다행성 종족으로 만들자', '화석 연료에 의존하지 않는 세상을 만들자'는 비전을 바탕으로 아무것도 없던 밑바닥에서 시작해 zip2, 스페이스X 같은 회사를 세웠다. 더 나아가 투자자로서 다양한 산업에 도전하는, 세상의 변화를 이끄는 인물로 성장했다. 물론 그 과정에서 실패도 많았지만 결국 그는 천재적인 머리와 놀라운 기억력, 그리고 누구보다도 치열하게 노력하는 자세로 자신이 원하는 목표를 이뤄낸다.

3. 기억에 남는 문장

"우리가 이 로켓을 만들 수 있을 것 같아요."

이 문장이 가장 인상 깊었다. 넘치는 아이디어와, 그걸 실현할 수 있는 능력, 지식을 모두 갖춘 일론 머스크는 정말 '없는 길을 스스로 만들어 가는 사람'이라는 생각이 들었다. 이 짧은 말 한마디로 일론 머스크가 얼마나 대단한 사람인지 깨달을 수 있었고, 실제로 그는 그 로켓을 만들어 냈다.
머스크는 아이디어를 떠올리는 데 그치지 않고, 그것을 현실로 바꿀 수 있는 힘까지 가진 인물이라는 점이 가장 인상적이었다.

4. 나에게 준 울림

이 책을 읽으면서 '도전'의 의미를 다시 생각하게 되었다. 일론 머스크는 단순히 무모하게 뛰어드는 사람이 아니라, 철저한 준비와 강한 확신으로 없는 길을 개척해 내는 사람이었다. 그가 왜 천재인지 알 수밖에 없었다. 넘치는 아이디어를 현실로 바꾸는 능력과 집요한 노력 덕분에, 그는 불가능해 보이는 일도 해내는 사람이었다. 그가 왜 천재라 불리는지 알 수밖에 없었다.
넘치는 아이디어를 현실로 바꾸는 능력과 집요한 노력 덕분에, 그는 불가능해 보이는 일도 결국 해내는 사람이었다.
나 또한 일론 머스크처럼 세상을 바라보는 시야를 갖고 싶다는 생각이 들었다. 그는 언제나 내 상상의 한계를 넘어 새로운 세상을 보여주는 인물이었다.

5. 추천 대상과 이유

아직 삶의 목표를 찾지 못해 하루하루를 무의미하게 보내고 있다고 느끼는 친구들에게 이 책을 추천하고 싶다.

일론 머스크처럼 거대한 목표를 세우라는 뜻은 아니다. 하지만 이 책을 읽으며 나는 그의 끈기와 열정에 깊이 감탄했고, 그의 천재성을 조금이라도 닮고 싶다는 강한 자극을 받았다.

물론 나는 천재가 아니다. 그러나 세상을 바꾸는 거창한 목표가 아니더라도, 내가 진심으로 원하는 목표를 세우고 그것을 끝까지 실천할 수 있는 사람이 되고 싶다는 마음이 생겼다.

하루하루를 의미 없이 보내는 친구들이 이 책을 통해 삶과 목표에 대한 열정을 되찾고, 자신만의 속도로 한 걸음씩 성장해 나가길 바라는 마음으로 이 책을 추천한다.

§ 스페이스X를 탐구하고 §
브랜드 탐구 보고서

1. 기본 정보

브랜드 이름	스페이스X	브랜드 로고	SPACE X
설립 연도	2002년	설립자	일론 머스크
브랜드의 국적 (출신 국가)	미국		
대표 제품/서비스	Falcon 1·9·Heavy 로켓, Dragon 우주선, Starship, Starlink 위성 인터넷 시스템 등		

2. 브랜드 소개

　스페이스X(Space Exploration Technologies Corp.)는 미국의 항공우주 장비 제조 및 우주 수송 회사로, 본사는 캘리포니아주 호손(Hawthorne)에 위치해 있다.

　2002년, 우주 수송 비용을 획기적으로 절감하고 화성에 인류 거주지를 구축하겠다는 목표 아래 일론 머스크(Elon Musk)에 의해 설립되었다. 설립 이래 스페이스X는 팰컨 발사체와 드래곤 우주선 시리즈를 개발해 왔으며, 둘은 상용화되어 지구 궤도로 화물을 수송하는 임무에 운용되고 있다.

스페이스X는 민간 항공우주 기업으로써 지금까지 수많은 업적을 거두어 왔다. 2008년 팰컨 1(Falcon 1) 로켓으로 세계 최초의 민간 액체연료 로켓 궤도 진입에 성공했으며, 2010년 드래곤(Dragon) 우주선을 발사·회수했다.

2012년에는 드래곤 우주선을 국제우주정거장(ISS)에 도킹시켜, 세계 최초로 이 모든 과정을 달성한 민간 항공우주 기업이 되었다. 또한 세계 최초로 로켓 1단 부스터를 역추진해 착륙시키는 데 성공하고(2015년 팰컨 9) 이를 로켓 발사에 재사용했다(2017년 팰컨 9). 2017년 3월까지 스페이스X는 화물 재보급 계약의 일환으로 국제 우주 정거장에 총 10대의 우주선을 발사했다. NASA는 2011년 스페이스X를 상업용 유인 우주선 개발 프로젝트(상업 승무원 프로그램, Commercial Crew Program) 의 추진 계획 지원 대상으로 선정하였다.

이에 따라 스페이스X는 유인 우주선 '크루 드래곤'(Crew Dragon)을 개발했으며, 이 우주선은 국제우주정거장(ISS)으로 우주비행사를 수송하고, 임무를 마친 승무원을 지구로 안전하게 귀환시키는 데 사용되고 있다.

스페이스X는 2011년, 재사용 가능한 로켓 발사 시스템 개발 계획을 공식 발표했다.

그로부터 4년 뒤인 2015년 12월, 팰컨 9(Falcon 9) 의 1단 추진 로켓이 발사 후 지상 착륙장에 성공적으로 수직 착륙하며 역사적인 순간을 만들어 냈다. 이는 지구 궤도 비행에 사용된 로켓이 회수된 최초의 사례로, 우주 산업의 패러다임을 바꾼 업적으로 평가된다.

이후 2016년 4월, CRS-8 화물 재보급 미션에서 스페이스X는 처음으로 해상 바지선(드론십) 위에 1단 로켓을 수직 착륙시키는 데 성공했다. 같은 해 5월에는 고난도의 정지 천이 궤도(GTO) 발사 미션에서도 착륙에 성공하며 기술력을 입증했다.

그리고 2017년 3월, 스페이스X는 세계 최초로 재사용된 1단 추진 로켓을 다시 발사하고 회수하는 데 성공하며, 본격적인 재사용 로켓 시대를 열었다.

2016년 9월, SpaceX의 CEO Elon Musk는 "행성간 이동 시스템(Interplanetary Transport System; ITS)"에 대한 구체적 계획을 공개했다. 이 프로젝트의 핵심은, 행성 간 유인 우주선 운용에 필요한 기술을 먼저 개발하고, 이를 바탕으로 충분한 수요를 확보한 뒤 장기적으로는 지속 가능한 화성 개척을 추진하는 것이다.

그 뒤 2017년, 머스크는 유인형 Crew Dragon 우주선(민간 탑승 가능형)에 탑승할 두 명의 민간인과 자동 귀환 궤도비행 계약을 체결했다고 발표했다. 발사 일정은 당초 2018년으로 잠정됐었으며, 당시 성공할 경우 인류 최초의 민간인 달 관광 비행이 될 것으로 기대됐다.

2025년 현재, 해당 계약 비행은 아직 실행되지 않았다. 대신 SpaceX는 차세대 Starship 시스템을 중심으로 인류의 달과 화성 탐사, 나아가 장기적 거주 가능성을 실현하기 위한 준비에 본격적으로 속도를 내고 있다.

3. 브랜드의 철학과 가치

- **브랜드가 추구하는 가치나 철학**

    우주 탐사를 통해 인류의 삶을 확장하고, 기술 혁신을 통해 우주의 대중화를 이루는 것을 궁극적인 목표로 삼고 있다. '미래를 위한 도전'과 '지속 가능한 우주 개발'을 핵심 가치로 한다.

- 브랜드 슬로건

    "삶을 다(多)행성적으로 만들자-Making life multiplanetary."

- 슬로건에 담긴 의미

    인류가 지구를 넘어 다른 행성에서도 삶을 영위할 수 있도록 도전하고, 우주를 향한 혁신과 탐사를 지속하는 비전을 담고 있다.

4. 브랜드의 역사와 성장 과정

SpaceX는 민간 우주 산업의 흐름을 완전히 바꾸어 놓으며, 우주 탐사와 상업용 우주 비행의 새로운 시대를 연 대표적 혁신 기업이다. 2002년, 일론 머스크가 '우주 탐사의 대중화'라는 비전 아래 설립한 SpaceX는 초기부터 혁신적인 로켓 기술 개발에 집중했다. 2008년, 민간 기업으로는 최초로 로켓 '팰컨 1'을 궤도에 진입시키며 세계 우주산업계에 큰 반향을 일으켰다. 이는 우주 탐사에 드는 비용을 크게 낮추는 중요한 전환점이었다.

이후 SpaceX는 단순한 로켓 제조업체를 넘어 우주 물류 및 탐사 생태계를 구축하며 성장해 왔다. 2010년 팰컨 9 로켓의 첫 비행 성공은 SpaceX가 대형 발사체 시장에 본격 진입했음을 알리는 신호탄이었다. 2012년에는 최초의 민간 우주선 '드래곤'을 국제우주정거장에 도킹시키며 NASA와의 협력 관계를 굳혔고, 우주 화물 수송의 상업화를 이끌었다.

2015년, 재사용 가능한 로켓 기술을 세계 최초로 성공시키며 발사 비용 절감과 지속 가능한 우주 탐사의 가능성을 입증했다. 팰컨 9 1단

부스터의 성공적인 착륙은 전통적인 우주산업의 패러다임을 바꾸는 혁신이었다. 2018년에는 팰컨 헤비 발사를 통해 현존하는 가장 강력한 현역 로켓을 보유하게 되었고, 민간 우주 비행 시장에서 독보적인 위치를 차지했다.

2020년대에 들어서 SpaceX는 상업 유인 우주비행 시대를 열었다.

2020년 크루 드래곤 우주선으로 NASA 우주비행사를 우주로 보낸 첫 민간 기업이 되었으며, 이를 통해 국제우주정거장과의 상용 왕복 운송 시대를 개척했다. 또한 스타십 프로젝트를 중심으로 화성 이주와 달 탐사 등 보다 장기적이고 대규모 우주 탐사 계획을 추진 중이다.

이렇듯 SpaceX는 우주 산업에서 비용 혁신과 기술 혁신을 동시에 이루며, 우주 탐사의 대중화와 지속 가능한 미래를 목표로 끊임없이 진화해 왔다. 그 여정은 인류의 우주 진출 역사를 새롭게 쓰는 중요한 기록으로 자리매김하고 있다.

5. 마케팅 전략 분석

- **우주 관광에 새로운 시대를 열다**

  스페이스X의 Polaris Dawn 임무에서 자레드 아이작맨은 민간인으로서는 최초로 상업적 우주유영을 수행했다. 그는 앞서 세계 최초의 전원 민간 궤도 비행(Inspiration4)을 지휘한 바 있으며, 이러한 연속된 민간 우주 임무는 그가 스페이스X와 체결한 Polaris 프로그램 계약을 통해 상업적 우주 탐사의 가능성을 크게 확장하는 계기가 되었다.

- **'인류의 미래를 개척한다'**

  스페이스X의 마케팅 전략은 한 가지 명확한 메시지로 구성되어 있음을 알 수 있다. 그것은 바로 '인류의 미래를 개척한다'는 것이다. 이 메시지는 스페이스X가 추구하는 모든 활동에서 일관되게 전달된다. 회사의 SNS 게시물, TV 광고, 그리고 실제 우주 임무와 같은 대규모 프로젝트까지, 모든 채널에서 이 메시지는 일관되게 드러난다.

- **SNS와 영상 콘텐츠의 활발한 활용**

  스페이스X는 다양한 소셜 미디어 플랫폼을 적극적으로 활용해 전 세계적인 고객과의 소통을 강화하고 있다. 유튜브 라이브 스트리밍을 통해 실시간으로 임무 진행 상황을 전 세계에 공개함으로써 스페이스X는 임무의 투명성을 높였고, 사람들의 관심과 호기심을 극대화했다. 특히 폴라리스 돈 임무의 경우, 많은 사람들이 실시간으로 우주 유영과 관련된 장면을 지켜보며 더욱 큰 관심을 가지게 되었다.

- **고객 피드백의 수용**

  스페이스X는 소셜 미디어를 통해 고객의 의견을 수용하고 이를 적극적으로 반영하는 모습을 보여 주고 있다. 트위터, 인스타그램과 같은 플랫폼에서 고객들이 궁금해하는 점이나 제안하는 개선 사항에 신속하게 대응하며, 소비자들과의 긴밀한 관계를 유지하고 있다. 이러한 소통 방식은 스페이스X에 대한 고객들의 신뢰를 높이고, 브랜드 충성도를 강화하는 중요한 기반이 되고 있다. 이처럼 스페이스X는 고객을 단순한 사용자가 아닌 발전을 함께 만들어 가는 파트너로 바라보며, 그들의 의견을 혁신의 중요한 동력으로 활용하고 있다.

6. 경쟁 브랜드와의 차별점

스페이스X의 비전은 "우주 비행을 통해 인류의 삶을 다변화하고 행복하게 만드는 것"이며, 미션은 "지구 이외의 행성에 인간을 이주시키고 지구를 다양한 생명체로부터 보호하는 것"이다.

- **혁신적인 재사용 로켓 기술**

    스페이스X는 세계 최초로 재사용 가능한 로켓을 성공적으로 상용화한 민간 우주기업이다. 기존 우주 발사체는 대부분 일회용으로 제작되어 발사 비용이 매우 높고 준비 기간도 길었다. 그러나 스페이스X는 팰컨 9 로켓을 여러 차례 재사용하며 비용을 획기적으로 절감했고, 이로써 발사 효율 또한 크게 향상되었다. 이러한 혁신 덕분에 스페이스X는 발사 비용과 운용 효율에서 압도적인 우위를 갖추게 되었으며, 경쟁사들은 아직 1단(부스터) 재사용을 상업적으로 안정화하지 못해 비용 경쟁력에서 뒤처지고 있다. 스페이스X의 재사용 기술은 우주 탐사와 상업적 우주 활동을 대중화하는 핵심 동력으로 평가받고 있다. 이 기술적 우위는 스페이스X를 우주 산업 내에서 독보적인 위치에 올려놓는 중요한 차별점이다.

- **통합 우주 인터넷 네트워크 '스타링크'**

    스페이스X는 저궤도 위성을 활용한 글로벌 인터넷 서비스 '스타링크'를 개발해 통신 산업에 큰 변화를 가져왔다. 스타링크는 기존 지상 인터넷망이 닿지 않는 오지나 해상 지역 등에서도 빠르고 안정적인 인터넷 접속을 제공한다. 이는 전통적인 통신사들이 제공하기 어려운 영역을 공략하며 새로운 시장을 창출하고 있다. 전 세계적으로 인터넷 접근성을 확대하는 데 기여하며, 디지털 격차 해소에도 중요한 역할을 하고 있다. 경쟁사들은 주로 지상망이나 일부 정지궤도 위성망에 의존하는 반면, 스페이스X는 저궤도 위성의 장점을 살려 낮은 지연시간과 빠른 속도의 서비스를 제공한다. 스타링크 프로젝트는 위성 인터넷을 넘어 세계 규모의 통신 인프라로 성장하고 있으며, 스페이스X의 사업 다각화와 미래 성장의 핵심 동력으로 자리 잡고 있다. 결국 스타링크는 우주와 지상 산업을 연결하는 혁신적 플랫폼이라 할 수 있다.

- **장기적 우주 탐사 및 화성 식민지 계획**

  스페이스X는 인류의 화성 이주를 목표로 하는 장기 비전을 가지고 있다. 일론 머스크는 화성에 지속 가능한 거주 기반을 구축해 인류가 다행성 종족으로 거듭나는 것을 꿈꾸며, 이를 위해 대형 우주선 '스타십'을 개발하고 있다. 이 프로젝트는 기존 우주 기업들이 집중하는 지구 궤도 및 달 탐사를 넘어서 우주 탐사 역사에서 전례 없는 대담한 시도다. 스타십은 대량의 화물과 인원을 우주로 운반할 수 있어 화성 및 장거리 우주 탐사의 게임 체인저로 평가받고 있다. 경쟁사들이 아직 명확한 다행성 정착 계획을 공개하지 않은 가운데, 스페이스X는 이 분야에서 선도적인 위치를 확보하고 있다. 또한 이 계획은 우주 과학, 기술 혁신, 국제 협력 등 우주 산업 전반에 긍정적인 파급 효과를 불러일으키고 있다. 스페이스X의 미래 지향적 비전은 우주 탐사의 패러다임을 바꾸며 인류 우주 진출의 새로운 장을 열고 있다.

스페이스X는 혁신적인 재사용 로켓 기술과 글로벌 위성 인터넷 '스타링크', 민간 유인 우주 비행 성공, 그리고 장기적인 화성 정착 계획을 통해 우주 산업에서 독보적인 경쟁력을 갖추고 있다. 이러한 차별화된 기술과 비전은 우주 탐사의 대중화와 미래 우주 경제의 새로운 패러다임을 열며, 스페이스X만의 강력한 브랜드 정체성을 확립하는 핵심 요소가 되고 있다.

7. 개인적인 생각

일론 머스크는 기업인으로서의 뛰어난 성과와 본인의 철학을 가지고 있는 사람이다. 그렇기에 성공할 수 있었다는 생각이 든다. 엉뚱한 행동도 자주 하지만 창의적이고 독특한 행동들로 큰 세상을 꿈꾸는 사람이라는 점이 인상 깊다. 앞으로도 그의 비전이 흔들리지 않기를 바라며, 언젠가 자신이 꿈꾸는 방식으로 세상을 바꾸었다고 스스로 만족할 수 있는 날이 오기를 기대한다.

8. 출처

- 스페이스X 홈페이지(spacex.com)
- 브래드 버건,《스페이스X의 비밀》, 미디어숲, 320쪽.
- 월터 아이작슨,《일론 머스크》, 21세기북스, 760쪽.
- NASA가 스페이스X 키운 비결 / 아시아경제. 2025.10.02.
- '혁신 이끄는 승부사' 일론 머스크의 경영 전략은 / 동아일보. 2024.12.17.
- "열번째 도전도 실패했지만…머스크의 스타십 성공은 시간문제" / 매일경제. 2021.03.09.
- 로켓 재사용, 우주왕복선이 열고 스페이스엑스가 꽃피웠다 / 한겨레. 2023.11.22.
- 크리스 맥냅,《일론 머스크》, 움직이는서재, 340쪽.

12
코카콜라

먹어 보지 않은 사람은 있겠지만, 모르는 사람은 없다

코카콜라 하면 어떤 이미지가 떠오르는가?

그저 '맛있는 음료'부터 '어떤 음식에 빠져선 안 될 음료'라는 생각이 들 수 있다.

이렇게 친숙한 브랜드인 코카콜라가 어떤 노력 속에서 우리의 일상에 스며들게 된 것인지 아는 사람은 별로 없다. 세계적인 브랜드인 코카콜라의 부단한 노력은 독특한 전략과 상황에 따른 적절한 광고에서 시작된다.

1. 약으로 시작된 코카콜라

'코카콜라'라는 브랜드를 이야기하기 전에 먼저 짚어야 할 것은, 바로 이 음료를 만들어낸 사람이다. 그의 이름은 존 팸버턴. 그는 1831년에 세상에 태어났으며 미국의 약사였다. 그는 코카 열매와 콜라 열매로 만든 코카콜라를 온갖 신경장애를 치료하는 약으로 홍보하며 새로운 치료법이라 말했다. 그때부터 사람들은 콜라 열매와 찻잎에서 추출한 카페인, 코카인 성분을 제거한 코카잎 그리고 설탕이 들어간 탄산음료를 마시게 되었다.

그는 약국에서 그 음료를 처음 선보이며 시장에 도전했지만 기대만큼의 성과를 얻지 못했고, 지병과 건강 악화로 인해 코카콜라가 성공하는 모습을 보지 못한 채 세상을 떠났다. 이후 그의 손에서 만들어진 이 음료의 잠재력을 알아본 이가 뒤이어 그 가치를 발전시켜 코카콜라의 본격적인 흥행을 이끌었다.

2. 독특한 생산 사업, 보틀링 시스템

코카콜라 컴퍼니를 설립한 아서 캔들러는 코카콜라의 창업자이다. 그는 독특한 시스템인 보틀링 시스템을 도입했다. 사실 그 생산 사업의 탄생은 우연이었다. 코카콜라 컴퍼니가 창립된 이후 캔들러는 자본이 들고 노동집약적 제조업에 관심이 없었다. 그러던 와중 테네시 주 변호사 두 명이 제안을 해 왔고, 그것이 바로 보틀링 시스템이다.

보틀링 시스템의 원리는 이러하다. 코카콜라사가 원액을 제공하면 병 제조업자인 보틀러들이 정해진 계량 방식에 따라 원액을 섞어 판매하는 것이다. 그렇게 코카콜라는 원액 제조만을 담당하고 제공하기 때문에 보틀링 업체를 소유하지 않고도 업체에 대한 통제권과 판매를 이어 나갈 수 있었다. 또한 직접 음료를 판매하게 될 때 병이 손상되거나 맛이 변하는 것을 막는 것도 가능했다.

이러한 방법을 통해 레시피의 비밀 또한 지켜낼 수 있었다. 현재까지도 코카콜라의 레시피는 알려지지 않았다. 이로써 코카콜라는 상품에 대한 소유권을 포기했지만, 반대로 상표와 음료 제조법을 지적 재산으로 정의함으로써 새로운 형태의 소유권을 갖게 되었다.

3. 스며드는 광고

코카콜라의 광고는 지역과 연령, 시대적 흐름, 그리고 사람들이 선호하는 방식을 세심하게 파악해 그에 맞게 자연스럽게 스며들고 있다. 매체가 인쇄물에서 라디오로 변화하자, 코카콜라는 라디오 프로그램을 후원하며 새로운 매체 환경에 발맞추기 시작했다. 브랜드를 떠올리게 하는 문구와 슬로건을 반복적으로 활용해 인지도를 넓혀 갔으며, 차가운 음료 하면 코카콜라를 떠올리도록 만드는 전략적 이미지 구축도 시도했다.

또한 인도와 관련된 사례가 있다. 코카콜라가 인도에 첫발을 내디뎠을 때, 그들의 시선은 그리 좋지 않았다. 1977년 자나타당의 산업부장관 페르난데스는 "사람들은 코카콜라가 아니라 식수를 마셔야 한다."라고 주장했다. 이는 식수가 부족한 상황에서 코카콜라 제조를 위해 물을 대량으로 사용한다는 비판에서 비롯된 것이었다. 인도 정부는 경제에 실질적 기여 없이 자금만 유출시키는 다국적 기업은 필요하지 않다고 판단했다.

이러한 상황 속에서 코카콜라는 '인도에서 코카콜라는 인도식으로 사업한다'는 태그라인과 '인도성'을 강조하는 광고를 내보냈다. 인도 보틀러가 해당 산업에 투자하고 있음을 강조하며 코카-보틀링 산업이 관련된 인도 산업에 가져다주는 혜택에 대해 언급하며 반감을 최소화 했다. 이렇게 코카콜라는 각 지역의 상황과 정서를 고려한 광고 전략을 펼치며, 때로는 갈등을 완화하고 때로는 자연스럽게 시장에 스며들어 갔다.

4. 과거부터 미래까지

　코카콜라는 독창적인 전략과 광고, 그리고 다양한 제품을 통해 오늘날까지 우리 곁에 꾸준히 자리해 왔다. 보틀링 시스템이라는 독특한 방식으로 코카콜라라는 브랜드를 성장시키고 상황에 맞는 광고를 선보이며 인지도를 높여왔다. 현재에 이르기까지 수많은 역사를 담고 있기 때문에 지금까지도 친숙하고 가깝게 여겨진다.

　각 나라에 정착하는 과정에서 갈등이 생기기도 했지만, 국가별 무역 환경의 특성과 각국 정부의 요구에 맞춰 조율해 나가며 세계적인 브랜드로 자리 잡을 수 있었다. 또한 코카콜라의 글로벌 시스템은 기업 간 협력 구조, 제품과 원자재의 흐름, 그리고 일관된 홍보 메시지를 통해 전 세계 지역들을 유기적으로 연결해 왔다.

　코카콜라는 CSR을 통해 단순히 제품을 팔고 이윤을 내는 것에 그치지 않고 환경 보호, 노동자 권리 보장, 지역사회 기여를 시도하고 있다. 이를 통해 미래의 코카콜라의 발전과 변화의 역사를 알아볼 수 있다.
　약으로 시작해 세계적인 브랜드로 정착한 코카콜라. 마지막으로, 당신에게 한 가지 묻고 싶다.

　　　당신은 코카콜라에 대해 어떻게 생각하는가?

§ 『브랜드의 비밀: 세계를 사로잡은 코카콜라 글로벌 전략』을 읽고 §
음료를 넘어, 세상을 연결한 브랜드의 힘

1. 독서 동기

전 세계에 있는 모든 사람이 자주 마시고 볼 수 있는 코카콜라는 어떻게 그렇게 된 것인지가 궁금했다. 어떻게 전 세계 사람들과 연결되고 사랑받는 브랜드가 되었던 걸까. 또한 코카콜라가 성공하기 위해 어떤 마케팅 방법을 사용했는지 알고 싶어 이 책을 선택하게 되었다.

2. 도서 요약 (브랜드 여정 요약)

『브랜드의 비밀: 세계를 사로잡은 코카콜라 글로벌 전략』은 세계에서 가장 유명한 음료 브랜드인 코카콜라가 어떻게 글로벌 브랜드가 되었는지를 설명해 주는 책이다. 단순히 성공 비결을 나열하는 것이 아니라, 코카콜라가 어떻게 세계 자본주의 시스템 속에서 움직이며, 각 지역의 문화와 정치, 사회와 관계를 맺어 왔는지를 이야기한다. 코카콜라는 미국에서 시작되었지만 오늘날은 거의 모든 나라에서 판매되는 음료다. 이 책에서는 코카콜라가 세계 시장에서 성공할 수 있었던 이유를 크게 세 가지로 설명한다.

첫째, 코카콜라는 브랜드 이미지 관리에 많은 신경을 썼다. 코카콜라는 빨간색 로고, 병 모양, 광고에 등장하는 여러 가지 시각적 요소를 전 세계에 비슷하게 유지했다. 이를 통해 어느 나라에서든 '코카콜라'라고 하면 떠오르는 이미지가 같도록 만들었다.

둘째, 코카콜라는 각 나라 문화에 맞는 전략을 세워 현지화했다. 예를 들어, 어떤 지역에서는 당도가 낮은 음료를 선호한다면 이에 맞춰 음료를 생산하고, 그 문화에 맞춘 광고를 하는 식이다. 이런 현지화 노력은 코카콜라가 '세계인의 브랜드'가 되도록 했다.

셋째, 세계 곳곳에 효율적인 생산과 유통망을 구축한 점이다. 코카콜라는 각 나라에 공장을 세워서 제품을 빠르게 공급하고, 지역 경제에도 기여했다. 이를 통해 소비자는 언제 어디서나 쉽게 코카콜라를 만날 수 있었다.

책은 이와 함께 코카콜라가 환경 문제와 사회적 책임에도 힘쓰고 있다는 것을 보여 준다. 기업으로서 사회에 긍정적인 영향을 주기 위해 노력하며, 변화하는 시대에 맞춰 지속 가능한 성장을 꿈꾸고 있다.

3. 기억에 남는 문장

"차가운 음료가 코카콜라를 의미하도록 사유화하다."

이 문장이 가장 인상 깊었다. 이 문장을 보고 이전의 나를 생각해 보았다. 나는 "아, 코카콜라 마시고 싶다."라고 말하는 것이 '차가운 음료 마시고 싶다'는 의미를 담고 있었다는 것을 깨달았다. 이후 나는 '차가운 음료 하면 코카콜라'라는 인식을 만들어 낸 코카콜라의 마케팅 전략이 얼마나 강력한지 새삼 느끼게 되었다. 하나의 브랜드가 일상 속 언어까지 바꿀 수 있는 힘, 역시 코카콜라가 전 세계적으로 사랑받는 이유가 있다고 확신하게 되었다.

4. 나에게 준 울림

브랜드가 지닌 힘은 상품명을 넘어 고유한 가치를 담고 있다는 사실을 새롭게 깨달았다. 코카콜라는 사람들의 일상에 깊게 스며들었고, 이를 위해 꾸준히 고객들과 소통하려고 노력을 해 왔다. 나도 앞으로 어떤 일을 하더라도 상대방을 이해하고 그에 맞춰 노력하는 자세가 중요하다는 생각을 하게 되었다.

5. 추천 대상과 이유

이 책을 마케팅, 경영, 글로벌 전략에 관심 있는 친구들에게 추천하고 싶다. 한 브랜드가 어떻게 세계 여러 나라의 사람들과 문화 속에 자리 잡아 왔는지를 배울 수 있기 때문이다. 또 진로를 고민하고 있는 친구들이 이 책을 읽어본다면 꿈에 대한 용기와 영감을 받을 수 있을 거라고 생각한다.

§ 코카콜라를 탐구하고 §
브랜드 탐구 보고서

1. 기본 정보

브랜드 이름	코카콜라	브랜드 로고	Coca-Cola
설립 연도	1886년	설립자	존 스티스 펨버튼
브랜드의 국적 (출신 국가)	미국		
대표 제품/서비스	코카콜라, 다이어트 코크, 코카콜라 제로, 기타 다양한 음료		

2. 브랜드 소개

　코카콜라는 1886년 미국 애틀랜타에서 약사 존 스티스 펨버튼이 만든 음료로 시작했다. 초기에는 약용 음료로 판매됐으나, 이후 전 세계에서 가장 인기 있는 탄산음료 브랜드로 성장했다. 130여 년간 코카콜라는 라이프 스타일의 상징이 되었으며, '미국의 대표 상품'이라는 별명을 얻었다.

　코카콜라는 맛, 청량감뿐 아니라 브랜드 아이덴티티를 통해 사람들의 감정을 연결하는 데 주력하고 있다. 전 세계 200여 개국 이상에서 판매되며, 각 국가 문화와 트렌드를 반영한 마케팅 전략을 펼치고 있다. 다양한 제품 라인업과 패키지 디자인, 글로벌 스포츠 이벤트 후원,

사회 공헌 프로그램을 통해 '음료 그 이상'을 지향한다.

오프라인 유통 채널과 더불어 온라인 플랫폼도 적극 활용하며, 소비자 맞춤형 캠페인과 디지털 마케팅을 통해 젊은 세대와 소통한다. 코카콜라는 지속 가능한 경영을 위해 친환경 포장, 탄소 배출 감소 프로젝트 등을 진행하며 브랜드 가치를 넓혀 가고 있다.

또한 코카콜라는 글로벌 브랜드로서 지역별 특성에 맞춘 제품 출시, 현지 문화와 결합한 마케팅, 그리고 스포츠 문화 행사를 통한 브랜드 인지도 확대에 집중하고 있다.

이와 함께 환경 보호와 사회적 책임을 다하기 위한 다양한 지속 가능 경영 활동을 전개, 친환경 패키징 개발, 재활용 확대, 물 자원 보존 캠페인 등에 적극 참여하고 있다.

3. 브랜드의 철학과 가치

- 브랜드가 추구하는 가치나 철학

  코카콜라는 "세상을 상쾌하게, 변화를 만든다Refresh the world, Make a difference."라는 비전을 바탕으로, 전 세계 소비자에게 행복과 긍정의 에너지를 전하는 것을 목표로 한다. 또한 사회와 환경에 긍정적인 영향을 미치는 지속 가능한 브랜드로서, 함께 더 나은 세상을 만들어가는 데 기여하고자 한다.

- 브랜드 슬로건

  "함께하는 마법Real Magic."

- **슬로건에 담긴 의미**

    'Real Magic'은 코카콜라가 추구하는 감성적 연결의 핵심을 담고 있다. 코카콜라는 단순히 갈증을 해소하는 음료가 아니라, 사람과 사람을 이어주는 매개체로서 소중한 이들과 함께하는 순간을 더욱 특별하게 만든다.

    하나의 코카콜라를 나누며 웃고, 공감하고, 함께하는 시간 속에서 일상이 마법처럼 행복해지는 순간. 그것이 바로 Real Magic이다!

4. 브랜드의 역사와 성장 과정

코카콜라는 1886년 미국 조지아주 애틀랜타에서 약사 존 스티스 펨버튼에 의해 처음 개발되었다. 당시 펨버튼은 신경 안정과 두통 완화에 도움을 주는 탄산음료를 만들고자 했으며, 그의 조제법에는 코카 잎과 콜라 건과 추출물이 포함되어 있었다. 초기에는 약국에서 소량으로 판매되었으나, 점차 대중적인 인기를 얻기 시작했다. 이후 1892년, 아사 캔들러가 펨버튼의 회사를 인수하고 대규모 마케팅과 유통망 확장에 나섰다. 그는 코카콜라의 상표권을 등록하고, 전국적인 브랜드로 성장시키기 위해 광고와 판매 전략에 집중했다. 1915년에는 오늘날까지 코카콜라를 대표하는 상징으로 자리 잡은 곡선형 유리병을 개발하며, 브랜드의 독창성을 확립했다.

1920~1930년대에 들어서면서 코카콜라는 라디오 광고와 스포츠 이벤트 후원 등을 적극 활용해 미국 전역에 브랜드 인지도를 높였다. 특히 제2차 세계대전 당시 미군 병사들에게 코카콜라를 공급해 사기 진작에 크게 기여했으며, 이를 계기로 자연스럽게 해외 시장 진출의 발판을 마련했다.

1960년대에 들어서면서 코카콜라는 본격적인 글로벌 확장에 나섰다. 코카콜라는 전 세계 주요 도시마다 생산 및 유통 체계를 구축하며 미국을 넘어 세계적인 브랜드로 자리매김했다. 다양한 문화권과 시장에 맞춰 현지화 전략을 펼쳤으며, 이를 통해 글로벌 음료 시장에서 독보적인 위치를 확보했다.

1982년에는 다이어트 코크를 출시하며 건강과 다이어트 트렌드에 부응하기 시작했다. 이후 제로 칼로리 제품, 다양한 맛과 기능성 음료 등 제품 포트폴리오를 다각화해 젊은 세대와 다양한 소비층을 공략했다.

2000년대 이후로는 디지털 마케팅과 소셜 미디어를 적극 활용하며 소비자와의 소통을 강화했다. 또한, 친환경 경영을 중요한 전략으로 삼아 재활용 캠페인과 탄소 배출 감축 프로그램을 진행하며 지속 가능성을 강조하고 있다. 최근에는 건강과 웰빙 트렌드에 맞춘 천연성분 음료와 저칼로리 제품 개발에도 집중하는 등, 시대 변화에 맞춘 브랜드 혁신을 지속하고 있다.

이처럼 코카콜라는 작은 약국 음료에서 출발해 강력한 마케팅, 끊임없는 혁신, 글로벌 전략을 바탕으로 세계 최대의 음료 브랜드로 성장했다. 그 역사는 제품 판매를 넘어 문화와 사회 전반에 깊이 스며든 브랜드의 역사이기도 하다.

5. 마케팅 전략 분석

코카콜라는 세계에서 가장 유명하고 성공적인 브랜드 중 하나로 꼽히며, 그 배경에는 혁신적이고 다각적인 마케팅 전략이 자리 잡고 있다. 소비자와의 정서적 연결, 문화적 상징으로 자리매김하는 데 집중한 마케팅 전략들은 코카콜라가 글로벌 음료 시장에서 독보적인 위치를 차지하는 데 핵심 역할을 했다.

- **광범위한 브랜드 캠페인과 감성 마케팅**

  코카콜라는 행복, 함께함, 희망 같은 긍정적이고 보편적인 감정을 브랜드 메시지에 담아왔다. 대표적으로 1971년 공개된 Hilltop 광고는 "I'd like to buy the world Coke."라는 슬로건으로 전 세계 평화와 화합의 메시지를 전하며 소비자들의 깊은 공감을 얻었다. 이후에도 "Open happiness, taste the feeling" 등 글로벌 캠페인을 통해 코카콜라는 단순한 음료를 넘어 삶의 즐거움과 소통을 상징하는 브랜드로 자리매김했다.

- **다양한 채널을 통한 통합 마케팅 커뮤니케이션**

  코카콜라는 TV 광고, 인쇄 매체, 옥외 광고뿐 아니라 디지털과 소셜 미디어, 이벤트 마케팅까지 아우르는 통합적 마케팅을 구사한다. 페이스북, 인스타그램, 유튜브 같은 SNS 플랫폼을 적극 활용하며 젊은 세대와의 소통을 강화하고 있으며, 사용자 참여를 유도하는 챌린지, 해시태그 캠페인 등을 통해 자연스러운 브랜드 확산을 이끌어 낸다.

- **스포츠와 음악 등 문화 콘텐츠 마케팅**

  코카콜라는 전 세계 주요 스포츠 이벤트의 공식 후원사로서 브랜드 노출을 극대화한다. 글로벌 스포츠 대회를 후원하며 전 세계 수억 명의 팬과 연결고리를 만든다. 또한 음악페스티벌과 유명 아티스트와 협업해 젊은 소비자층의 감성을 자극한다. 이를 통해 즐거움, 축제, 에너지라는 브랜드 이미지를 강화하고 있다.

- **제품 라인업 다각화와 지역 맞춤형 마케팅**

  코카콜라는 전통적인 콜라뿐 아니라 다이어트 코크, 코크 제로, 다양한 맛의 신제품들을 선보이며 폭넓은 포트폴리오를 구축했다. 각 국가와 문화권에 맞춘 현지화 전략도 적극적이다. 예를 들어, 일본 시장에는 녹차 음료를, 인도 시장에는 지역 선호도에 맞는 향신료가 가미된 음료를 출시하는 식이다. 이런 맞춤형 접근은 다양한 소비자 요구를 충족시키고 시장 점유율 확대에 크게 기여한다.

- **지속 가능성과 사회적 책임을 강조하는 마케팅**

  최근 환경 문제에 대한 관심이 높아지면서 코카콜라는 친환경 경영을 브랜드 가치에 적극 반영하고 있다. 재활용 가능한 패키지 개발, 플라스틱 감축 캠페인, 물 사용 절감과 같은 지속 가능성 프로젝트를 대대적으로 홍보하며 친환경 브랜드 이미지를 강화한다. 또한, 지역 사회 공헌 활동과 건강한 라이프 스타일 캠페인도 활발히 진행해, 단순한 음료 회사가 아닌 '책임 있는 글로벌 기업'으로서의 위상을 다지고 있다.

이처럼 코카콜라는 감성 중심의 스토리텔링, 통합 마케팅, 현지화, 지속 가능성, 체험 마케팅 등 다양한 전략을 유기적으로 결합해 글로벌 브랜드 경쟁력을 유지하고 있다. 앞으로도 빠르게 변하는 소비 트렌드와 환경 변화에 민첩하게 대응하며, 브랜드의 가치를 지속적으로 확장할 것으로 기대된다.

6. 경쟁 브랜드와의 차별점

코카콜라는 펩시, 닥터 페퍼, 스프라이트 등 경쟁 음료 브랜드와 경쟁을 벌이고 있지만, 몇 가지 전략적인 차별점을 바탕으로 오랜 시간 시장에서 우위를 점하고 있다. 다음은 코카콜라가 경쟁사들과 뚜렷이 구분되는 대표적인 세 가지 강점이다.

- **강력한 브랜드 인지도와 감성적 이미지 구축**

    코카콜라는 세계에서 가장 인지도 높은 브랜드 중 하나로, 로고, 병 디자인, 색상만으로도 누구나 알아볼 수 있을 정도의 상징성을 갖고 있다. 특히 코카콜라는 브랜드를 정서적 메시지와 연결하는 데 탁월하다. 글로벌 광고 캠페인은 제품 그 자체보다 마시는 순간의 기쁨이나 함께하는 시간의 소중함을 강조함으로써 소비자와의 감정적 유대감을 형성했다. 이러한 일관된 브랜드 메시지는 소비자가 코카콜라를 선택할 때 맛이나 가격 외의 정서적 이유를 갖게 만든다.

- **글로벌 유통망과 막강한 시장 점유율**

    코카콜라는 전 세계 200개국 이상에서 판매되며, 글로벌 음료 시장에서 독보적인 유통망을 보유하고 있다. 이러한 강력한 인프라는 인프라는 코카콜라가 새로운 시장에 빠르게 진입하고, 다양한 제품군을 효율적으로 유통할 수 있는 기반이 된다. 현지 공장에서 생산된 제품을 동일한 품질로 공급할 수 있는 병입 시스템과 유통 파트너십 덕분에 세계 어디서나 동일한 코카콜라를 즐길 수 있다. 반면, 경쟁 브랜드인 펩시는 몇몇 지역에서는 강세를 보이지만, 전 세계적으로 고른 영향력을 확보하는 데 있어서는 코카콜라보다 다소 제한적이다. 코카콜라의 글로벌 운영 능력은 단순한 판매량을 넘어서, 브랜드 신뢰성과 일관된 품질 인식으로 이어지며 소비자 충성도를 높이는 결정적 요인이다.

- **지속 가능성과 사회적 책임을 강조한 브랜드 전략**

    오늘날 브랜드 경쟁력은 기업이 환경과 사회에 어떤 태도를 보이느냐에 의해 좌우되기도 한다 환경과 사회를 어떻게 대하는가에 의해 좌우되기도 한다. 코카콜라는 이러한 흐름을 선도하며 '지속 가능한 브랜드'로서의 입지를 강화하고 있다. 대표적인 캠페인인 'World Without Waste'는 2030년까지 생산한 모든 용기를 수거 및 재활용하겠다는 목표를 담고 있으며, 이와 함께 재활용 PET병 사용 확대, 플라스틱 줄이기 위한 디자인 혁신, 재사용 가능한 포장재 개발 등이 이루어지고 있다. 또한 물 사용 절감 프로젝트, 지역사회 환경 보호 활동, 스포츠, 문화 후원 사업을 통해 기업의 사회적 책임을 실천하고 있다. 이는 가치 소비를 중시하는 MZ세대와의 접점을 넓히고, 브랜드 이미지의 장기적인 신뢰 축적에 기여하고 있다.

이처럼 코카콜라는 경쟁 브랜드들과 명확한 차별성을 구축해 왔다. 이러한 차별화 요소는 단기적인 마케팅 효과를 넘어, 수십 년간 브랜드의 정체성을 지키고 확장하는 데 있어 결정적인 역할을 하고 있다. 앞으로도 코카콜라는 이 차별성을 기반으로 변화하는 소비자 가치에 유연하게 대응하며, 세계적인 브랜드로서의 입지를 계속해서 다질 것으로 기대된다.

7. 개인적인 생각

코카콜라는 130년이 넘는 세월 동안 전 세계 문화의 일부로 자리 잡은 존재라는 점에서 매우 인상적이다. 오랜 역사 속에서도 전통적인 브랜드 이미지를 지켜내며, 동시에 건강·환경·디지털 혁신에 적극적으로 대응하는 모습이 긍정적으로 느껴진다.

이번 탐구를 통해 일상 속에 자연스럽게 스며든 코카콜라가 어떤 배경에서 탄생했고, 어떤 전략으로 세계적인 마케팅의 대표 사례가 되었는지를 알 수 있어 흥미로웠다. 앞으로도 코카콜라가 지속 가능성과 창의적인 마케팅을 조화롭게 발전시켜 나가길 기대한다. 또한 1886년부터 이어져 온 이 상징적인 브랜드가 시대의 변화 속에서도 특유의 개성과 감성을 잃지 않고, 오래도록 우리의 곁에 남아 있기를 기대한다.

8. 출처

- 코카콜라 홈페이지(coca-colacompany.com)
- 코카콜라, 전설에서 생존 경쟁으로 / 이코노미사이언스. 2025.04.09.
- 스포츠 마케팅의 교과서…코카콜라와 월드컵` / 매일경제. 2014.04.29.
- 글로벌 브랜드의 황제, 코가·콜라 / 제주일보. 2006.08.22.
- 코카콜라는 왜 찌그러진 브랜드 로고를 광고에 내세웠을까? / 뉴데일리. 2024.04.25.
- 코카콜라 컴퍼니, 글로벌 문제 해결 앞당길 수 있도록 세계경제포럼 '글로벌 세이퍼스' 지원 / 뉴시스. 2013.01.23.
- 어맨다 시아폰,《브랜드의 비밀》, 성안당, 432쪽.

13

레고

작은 블록 하나의
놀라운 영향력

한때는 망할 위기에 놓였던 작은 회사가 어떻게 전 세계 아이들의 마음을 사로잡는 기업으로 성장할 수 있었을까? 『더 레고 스토리』를 펼쳐 보며, 그 숨겨진 성장의 여정을 함께 따라가 보자.

1. 목재 장난감으로 시작된 레고의 역사

레고의 역사는 유럽 경제의 변화와 함께 성장해 왔다.
1932년, 레고는 완구 제조업체로서 첫발을 내디뎠지만 그 출발은 순탄하지 않았다.

올레 키르크 크리스티안센은 덴마크에서 목공 가구 공방을 운영하던 장인이었고, 어려운 시기 속에서도 새로운 길을 모색하며 어린이용 장난감 개발을 시작했다.

그는 목공 기술을 살려 장난감을 정교하게 제작하기 시작했고, 이 선택이 새로운 가능성을 열어 줄 것이라 확신했다.

그 결정은 결국 작은 공방을 오늘날 혁신적인 글로벌 브랜드 '레고'로 성장시키는 출발점이 되었다.

2. 아이들의 꿈을 향한 레고 장난감

아이들의 삶에 긍정적인 영향을 주고 싶었던 레고의 전(前) CEO 요안 비 크눗스토프 레고그룹 회장은 매일 경영에 깊이 관여하며, 작은 블록들이 어떻게 결합해야 하는지까지 세심하게 설계했다.

  그 결과 아이들은 레고를 통해 스스로 상상력을 펼치며 다양한 창작물을 만들어 낼 수 있었다.

  그렇다면 수많은 블록 장난감 중에서 왜 레고가 선택받았을까?

  그 해답은 바로 레고가 구축한 '플레이 테마(Play Theme)' 전략에 있었다.

  블록 자체로도 즐길 수 있지만 우리가 다양한 종류를 사용하면 아이들이 즐길 수 있는 상상력과 방법을 확장할 수 있다.

  아이들은 플레이 테마를 통해 만드는 방법을 확장하고 나중에는 자신만의 세계를 만들 수 있다. 놀이를 통해 아이들에게 긍정적인 영향을 주고, 미래를 상상하게 만들 수 있다.

  또한 레고의 제품 안전성에도 큰 관심을 기울였다.

  어린이들이 안전하게 놀 수 있도록 재료, 설계, 품질을 철저히 관리했다.

  이를 통해 소비자에게 깊은 신뢰를 주고, 부모들이 안심하고 구매할 수 있는 브랜드로 성장했다.

3. 현재 레고의 모습과 주요 가치

  현재 레고는 글로벌 창의력 교육 기업으로 성장했다.

  현재는 블록 제품뿐 아니라 다양한 디지털 콘텐츠, 애니메이션, 게임, 교육 프로그램 등으로 확장하면서, 놀이와 학습을 결합한 플랫폼으로 성장하고 있다.

  디지털 영역이 점점 확대되고 있으며, 크리스티안센이 프로그래밍 언어를 이용할 수 있도록 해 레고의 놀이 방법을 확장시켰다. 크르스트안센은 강조했다.

"물론 디지털의 융합이라고 해도 조립 체험에서 벗어나지는 않는다. 레고의 최대 경쟁력은 지금까지와 다름없이 블록 조립에 있다."

레고는 끊임없이 변화하고 성장하고 있다.

창의성을 존중하는 마음, 놀이를 통해 세상과 소통하려는 목표는 지금도 레고의 중심에 있으며, 레고는 단순한 장난감을 넘어, 아이들과 청소년의 상상력과 창의력을 키우는 중요한 도구로 자리 잡았다.

4. 상상을 현실로: 레고가 만든 창의력의 사회

레고는 아이들이 가지고 노는 작고 단순한 조각들로 되어 있지만 사실은 많은 상상력과 창의력을 발휘 할 수 있다.

또한 레고는 교육 현장에서도 중요한 역할을 한다.

아이들이 직접 문제를 해결하고 팀과 협력하며 협동력을 늘리고 자신만의 방법으로 해결을 할 수 있다. 이 과정을 통해 아이들이 노는 것을 넘어 생각하고 계획하고 행동력을 발휘하는 힘을 기르게 된다.

레고는 놀이의 가치를 사회에 알린 브랜드이기도 하다. 놀이는 아이들의 성장에 꼭 필요한 과정이라는 사실을 많은 사람들에게 깨닫게 해줬다.

레고는 놀이를 통해 더 나은 사회를 만들어 가고 있다.

5. 청소년에게 묻다, 너의 '창조'는 어디에서 시작되는가

『더 레고 스토리』는 우리가 얼마든지 새로운 것을 만들어 낼 수 있음을 보여 주는, 한 사람의 창의적 도전 이야기다. 만약 그가 틀을 깨고 블록을 쌓아 올리지 않았다면, 우리에게는 지금의 레고도, 지금의 상상력도 없었을 것이다. 그렇다면 지금 우리에게 필요한 질문은 이것이다.

"틀을 깨고 너만의 블록을 쌓아 봐."

§ 『더 레고 스토리』를 읽고 §
장난감 브랜드, 혁신의 아이콘이 되다

1. 독서 동기

레고는 어릴 적부터 친숙한 장난감이었지만, 블록 놀이를 넘어 세계적인 브랜드로 성장하기까지 어떤 과정을 거쳤는지 궁금했다. 특히 '혁신의 아이콘'이라는 부제가 눈길을 끌었다. 위기 속에서도 극복하는 법과 창의성과 품질을 지켜 낸 이야기가 나의 진로와 인생에도 도움이 될 것 같았다.

또한, 레고의 성장과 도전, 변화의 여정을 직접 확인하고자 이 책을 고르게 되었다.

2. 도서 요약(브랜드 여정 요약)

『더 레고 스토리』는 덴마크의 작은 목공소에서 시작된 레고가 어떻게 성장해 왔는지를 다룬 책이다.

창립자 올레 키르크 크리스티얀센은 경제 불황과 전쟁, 화재 등 많은 시련 속에서도 품질을 고집하며 '최고만이 최선이다'라는 신념을 지켰다.

그는 목재 장난감으로 시작해 시대의 변화에 맞춰 플라스틱 블록을 개발했고, 독창적인 결합 구조를 완성해 레고만의 차별화를 이루어 냈다.

레고는 단순히 블록을 파는 기업이 아닌 창의력과 놀이의 가치를 전하는 브랜드였다. 다양한 장난감과 제품군을 출시하며 아이들의 상상력을 더욱 더 키워 나갔다. 또한 레고랜드 테마파크 개장으로 놀이 경험을 실물 공간까지 확장 시키며 발전해 나갔다. 그러나 1990년대 말 무리한 사업 확장으로 위기에 직면하자, 그때마다 품질 원칙을 지키며 소재, 제품을 혁신하고 브랜드 철학에 다시 집중하며 부활에 성공할 수 있었다.

오늘날 레고는 친환경 소재 개발, 디지털 레고, 교육 프로그램 등 시대 변화에 맞춰 혁신을 이어 나가고 있다.
특히 미래 세대를 위한 지속 가능한 활동에도 앞장서고 있다.
이 책은 레고의 역사를 창의성과 끈기, 노력, 그리고 변화를 두려워하지 않는 도전 정신이 만들어 낸 브랜드의 여정으로 그려낸다. 이러한 과정 속에서 레고는 전 세계인의 사랑을 받는 장난감 브랜드로 성장했다.

3. 기억에 남는 문장

"우리는 성과만을 목적으로 사업하지 않는다."

이 문장이 가장 인상 깊었다. 성과만이 아닌 항상 아이들의 미래를 위해 노력하며 존재한다는 것이 인상 깊었다. "자신들은 무엇을 위해 존재하고 있는가." 이 문장을 보았을 때 자신의 목표를 명확하게 짚어 내려는 것이 결국 더 나은 선택과 실천으로 이어지기 때문이라고 생각한다. 그래서 이 문장이 인상 깊었다.

4. 나에게 준 울림

"모든 것을 동시에 실현하기는 어렵다."라는 문장이 나에게 깊은 울림을 주었다. 이 말은 욕심내어 여러 일을 한꺼번에 이루려 하기보다, 지금 가장 필요한 목표를 명확히 정하고 그것을 실천하는 것이 중요하다는 사실을 깨닫게 해 주었다. 그래서 나 역시 앞으로 여러 길을 동시에 가기보다, 하나씩 차근차근 실현해 나가야겠다고 다짐하게 되었다.

5. 추천 대상과 이유

이 책은 청소년과 대학생에게도 추천하고 싶지만, 그보다 창의성을 꿈꾸는 사람이나 기업가, 그리고 직장인들에게 특히 권하고 싶다. 레고는 위기 속에서도 끊임없이 혁신을 추구해 온 기업이기 때문이다. 이 책을 통해 창의적인 아이디어를 현실로 바꾸는 힘과, 기업이 어떤 철학과 목표를 바탕으로 성장하는지 깊이 배울 수 있을 것이다.

§ 레고를 탐구하고 §
브랜드 탐구 보고서

1. 기본 정보

브랜드 이름	레고	브랜드 로고	LEGO
설립 연도	1932년	설립자	올레 키르크 크리스티안센
브랜드의 국적 (출신 국가)	덴마크 빌룬시 보스틀룬동		
대표 제품/서비스	레고 블록, 테마별 세트, 레고랜드, 교육용 서비스		

2. 브랜드 소개

레고는 1932년 덴마크의 작은 목공소에서 출발해, 처음에는 나무 장난감을 만들며 아이들에게 즐거움을 주기 시작했다. 이후 시대 변화에 맞춰 플라스틱 블록을 개발하며 발전을 거듭해, 오늘날에는 아이들의 창의력과 상상력을 키워주는 대표적인 장난감으로 자리 잡았다. 지금도 전 세계 아이들에게 기쁨과 다양한 경험을 선사하고 있다.

한국의 오프라인 매장은 롯데월드몰점을 중심으로 체험형 매장과 팝업 스토어가 운영되고 있으며, 다양한 체험 공간과 한정판 제품을 통해 색다른 경험을 제공하고 있다.

해외에서는 덴마크 코펜하겐 본점과 미국, 일본, 영국 등 주요 도시에 플래그십 스토어가 있어 테마 체험 공간, 대형 레고 구조물, 어린이 체험 활동 등 많은 체험과 즐거움을 제공한다.

디지털 전환에도 적극적으로 나서고 있다. 레고는 앱, 애니메이션, 온라인 영상 등 디지털 플랫폼을 적극 활용해 아이들에게 레고를 오프라인뿐만 아니라 디지털 공간에서도 즐기고 창의력을 발휘할 수 있도록 하고 있다.

레고는 LEGO Builder 앱과 LEGO Life 앱, LEGO Education 앱 등을 통해 사용자와 어린이가 디지털 환경에서도 레고를 조립하고 창작물을 공유하며 학습할 수 있는 플랫폼을 제공하고 있다.

3. 브랜드의 철학과 가치

- **브랜드가 추구하는 가치나 철학**
  레고는 창의성과 품질을 중시하며, 지속적인 혁신과 끊임없는 노력을 통해 세상을 더 나은 방향으로 변화시키고자 하는 철학을 담고 있다.

- **브랜드 슬로건**
  "최고만이 최선이다"(Only the best is good enough)

- **슬로건에 담긴 의미**
  세상을 새롭게 바라보고, 더 나은 미래를 상상하며, 창의력으로 미래를 만들어 가자는 메시지를 전한다. 즉, '최고'란 완벽함만을 뜻하는 것이 아니라, 아이들의 상상력과 가능성을 믿고 그것을 실현할 수 있는 세상을 함께 만들어 가겠다는 약속을 의미한다.

4. 브랜드의 역사와 성장 과정

레고는 덴마크의 작은 목공소에서 출발해, 놀이와 창의성을 세계의 전파하는 대표적인 완구 브랜드로 성장해 왔다. 창립자 올레 키르크 크리스티안센은 1932년에 목재 가구 등을 만들기 시작하면서, 작은 장난감부터 나무 장난감으로 성장하기 시작한다. 이 장남감을 주력 사업으로 삼으면서 레고라는 이름을 지은 것이 바로 1934년이었다.

이후 1949년에 덴마크 최초로 플라스틱 장난감이 도입해 나무 장난감, 블록 장난감 등 많은 장난감을 넘어 새로운 가능성을 열었으며, 다양한 장난감이 도입되기 시작했다.

1958년에는 오늘날의 레고 블록과 동일한 결합 구조가 특허로 등록되며 '무한히 조립 가능한 시스템 완구'의 기반이 마련되었다. 이후 1969년 유아용 '듀플로Duplo' 시리즈, 미니 피규어를 도입하며 세대를 아우르는 놀이 문화를 확장해 나갔다.

이처럼 레고는 덴마크 로컬 완구를 넘어, 창의성과 학습, 그리고 놀이의 가치를 결합한 문화 브랜드로 자리매김하며 전 세계 아이들과 팬들의 상상력을 자극하는 상징이 되었다.

1960년대 덴마크의 레고 회사에는 큰 위기가 찾아왔다. 공장에서 화재가 발생해 당시 생산하던 장난감들이 거의 전부 불에 탈 뻔했지만, 다행히 피해를 입은 곳은 이미 수익이 크게 줄어들었던 목각 완구 부서 건물이었다. 이 일을 계기로 레고는 목각 장난감 생산을 과감히 중단하고, 레고 시스템 개발에 전념하기로 결정했다.

2020년대에 들어선 레고는 다양한 테마를 출시한다. 2020년에는 팔찌나 소품을 꾸밀 수 있는 공예형 시리즈인 레고 DOTS, 디지털과 블록 놀이를 결합한 혁신적인 슈퍼 마리오 시리즈, 중국 신화를 현대적으로 재해석한 몽키 키드, 그리고 영화와 연계된 트롤: 월드 투어와 미니언즈 테마가 출시되었다.

5. 마케팅 전략 분석

영화, 게임, 애니메이션 등 다양한 라이선스 IP와의 협업을 통해 기존 장난감 시장뿐만 아니라 팬층을 넓혔다. 슈퍼 마리오, 아바타, 원피스, 블루이, 포트나이트 등 인기 콘텐츠와의 테마 제품을 출시하면서, 각 콘텐츠 팬들을 자연스럽게 레고 고객으로 끌어들였다. 유아용 듀플로와 블루이 시리즈는 부모와 어린이를 주요 대상으로 하고, 어린이용 몽키 키드와 슈퍼 마리오 시리즈는 놀이와 학습 요소를 결합해 제작되었다.

- **문화 행사 중심의 체험 마케팅**

  레고는 오프라인 매장을 제품 판매 공간에 그치지 않고, 팬 커뮤니티와 체험 중심의 공간으로 발전시켰다. 매장에서는 방문객이 직접 블록을 조립해 보는 커스터마이징 스튜디오, 전문가와 함께 하는 워크숍, 신제품을 미리 체험할 수 있는 팝업 이벤트 등이 운영된다. 특히 이러한 공간은 어린이뿐 아니라 성인 레고 팬들에게도 열려 있어, 팬 모임과 전시, 창작 대회 등이 활발하게 이루어지고 있다.

  레고는 공식적으로 레고 팬클럽과 같은 커뮤니티를 운영하며, 팬들이 서로 작품을 공유하고, 전시회를 개최하거나 창작 아이디어를 나눌 수 있도록 지원한다. 이를 통해 팬들은 매장에서 열리는 이벤트와 연계된 창작 활동과 네트워킹을 경험하며 브랜드에 대한 몰입과 충성도를 높인다. 또한 지역별 팬사이트와 동호회, 온라인 포럼까지 연결되어, 전 세계 레고 팬들이 하나의 네트워크로 소통할 수 있는 기반을 제공한다.

- **디지털 플랫폼과 SNS를 통한 소통형 마케팅**

  레고는 디지털 시대에 맞춰 온라인 플랫폼과 SNS를 활용한 마케팅을 적극적으로 펼치고 있다. 우선 레고 공식 홈페이지와 모바일 앱을 통해 신제품 소개, 블록 조립 가이드, 커스터마이징 기능 등을 제공하며, 소비자가 직접 제품을 체험하고 공유할 수 있는 디지털 환경을 조성한다.

  SNS에서는 인스타그램, 유튜브, 페이스북, 틱톡 등을 활용해 다양한 홍보 활동을 펼치고 있다. 신제품 출시 소식, 이벤트 안내, 팬 작품 공유, 레고 창작 대회 등 시각 중심의 콘텐츠를 제공하며, 짧은 영상이나 사진을 통해 브랜드 메시지와 레고 특유의 매력을 효과적으로 전달한다. 특히 유튜브 채널에서는 조립 방법, 리뷰, 스톱모션 애니메이션, 게임 연계 콘텐츠 등을 선보여 어린이뿐 아니라 성인 팬들까지 다양한 연령층이 레고 콘텐츠를 즐기고 참여할 수 있도록 하고 있다.

- **굿즈 마케팅을 통한 팬심 자극과 구매 유도**

  레고는 다양한 굿즈를 통해 브랜드 경험을 확장하고 있다. 티셔츠, 후드티, 모자, 양말, 가방 등 의류와 액세서리, 노트, 펜, 연필꽂이, 컵, 물병, 키링 등 문구와 생활용품, 미니 피규어, 한정판 컬렉터 세트 등 피규어와 소형 세트, 앱과 스마트 기기와 연계된 디지털 굿즈까지 폭넓게 출시된다. 또한 나이키, 유니클로, 디즈니, 포켓몬 등 다양한 브랜드와의 컬래버레이션을 통해 한정판 굿즈를 선보이며 팬들의 참여와 관심을 유도한다. 이러한 굿즈 전략은 어린이뿐만 아니라 성인 팬까지 아우르며, 레고 브랜드의 체험과 몰입, 충성도 강화에 중요한 역할을 한다.

6. 경쟁 브랜드와의 차별점

레고는 메가 블록, 키넥스, 마이크로 블록 등 다른 블록 완구 브랜드와 달리 독창적인 전략과 차별화된 경험을 바탕으로 고유한 브랜드 정체성을 확립했다. 특히 조립의 창의성을 강조한 블록 시스템, 높은 품질 기준, 팬 커뮤니티 활성화, 오프라인 체험 공간, 디지털 연계와 굿즈까지 통합한 종합적 경험 제공은 레고만의 핵심 강점으로 꼽힌다.

- **대형 오프라인 매장을 통한 독서 및 레고 경험 제공**

  레고는 오프라인 매장을 체험과 문화 활동의 공간으로 활용하고 있다. 매장 내에서는 방문객이 직접 블록을 조립하고 자신만의 작품을 만들어볼 수 있는 커스터마이징 스튜디오가 운영되며, 어린이와 성인을 대상으로 한 워크숍과 조립 클래스가 정기적으로 진행된다. 또한 신제품 전시, 한정판 세트 체험, 테마별 팝업 이벤트를 통해 방문객들이 레고의 최신 제품과 콘텐츠를 직접 보고 즐길 수 있게 한다.

- **'레고 체험 매장'과 같은 감성적 메시지를 통한 정서적 소통**

  레고 체험 매장은 브랜드의 차별성을 가장 잘 보여 주는 상징적 공간이다. 어린이와 성인 모두를 대상으로 한 조립 체험, 커스터마이징 스튜디오, 전시 이벤트 등 다양한 활동을 제공하며, 방문객이 직접 블록을 다루고 창작하는 과정을 통해 레고와의 정서적 소통을 가능하게 한다. 이 공간은 레고의 브랜드 철학인 "세상을 다시 조립한다."라는 신념을 체험으로 구현한 대표적 사례. 방문객들은 놀이와 창작을 통해 성취감과 즐거움을 느끼고, 브랜드에 대한 몰입과 애착을 형성하게 된다.

반면, 경쟁 블록 완구 브랜드들은 주로 제품 자체와 가격 경쟁에 초점을 맞추는 경향이 있어, 참여형 체험과 정서적 연결을 통한 감성적 브랜드 구축에서는 상대적으로 한계가 있다. 레고 체험 매장은 이러한 점에서 기존의 장난감 매장을 넘어, 문화적 경험과 커뮤니티 참여를 결합한 통합 브랜드 공간으로 자리 잡고 있음을 보여 준다.

7. 개인적인 생각

책을 읽고 브랜드를 탐구하며, 레고가 자신의 철학과 가치를 꾸준히 지켜 온 기업이라는 사실을 알게 되었다. 레고의 철학인 '최고만이 최선이다(Only the best is good enough)'라는 슬로건은 창의성과 도전 정신, 그리고 혁신을 통해 실제로 구현되는 살아 있는 가치임을 느꼈다.

특히 오프라인 매장을 통해 어린이와 성인 모두가 체험과 창작의 즐거움을 누릴 수 있게 하고, 팬 커뮤니티와 디지털 콘텐츠를 연계하며 브랜드 경험을 확장하는 모습이 인상 깊었다. 이를 통해 레고가 단순히 제품을 판매하는 기업이 아니라, 사람과 경험을 잇는 문화적 브랜드라는 점을 깨달았다.

이 과정을 통해 나는 작은 관심과 꾸준한 노력이 창의적인 아이디어로 이어질 수 있다는 자신감을 얻었다. 또한 읽고 쓰는 과정이 생각을 깊게 하고 감정을 정리하는 의미 있는 시간이 될 수 있음을 느꼈다.

앞으로도 작은 호기심과 상상력을 소중히 여기며, 결과보다 과정 속에서 배우고 즐기는 태도로 성장해 나가고 싶다.

아울러 레고가 앞으로도 아이들의 상상력과 창의력을 자극하는 다양한 프로그램과 지속가능한 제품 개발을 통해, 더 많은 세대에게 영감을 주는 브랜드로 나아가길 바란다.

8. 출처

- 레고 홈페이지(lego.com/ko-kr)
- 레고랜드 홈페이지(legoland.kr)
- 어린이·어른이 상상력의 보고…90살 생일 맞은 레고 / 매일경제. 2022.08.25.
- "레고는 창조의 욕구를 자극하는 장난감이자 도구" / 디지털조선일보. 2022.06.07.
- 보 크리스텐센 레고 코리아 대표 "파산위기에서 글로벌 완구시장 선두 탈환까지.. 핵심가치에 중점" / 머니투데이방송. 2016.12.14.
- 옌스 안데르센, 《레고 이야기》, 민음사, 436쪽.
- 블록이 아닌 철학을 팔았다…레고가 써내려간 성공신화 / 한국경제. 2025.06.13.
- 에비타니 사토시, 《더 레고 스토리》, 유엑스리뷰, 272쪽.

14 나이키

괴짜 사장 필 나이트의 성공 분투기

"모두의 운동장, 끝없이 서로의 가능성을 믿다."

필 나이트는 누구나 자신에게 맞는 길을 찾아야 한다고 믿었고, 남들이 정해 놓은 틀보다 자신만의 방향을 따르는 것이 더 중요하다고 생각했다. 이러한 믿음은 결국 새로운 시도와 도전으로 이어졌고, 그는 그 길 위에서 용기를 선택했다. 스포츠는 그에게 누군가를 따라가는 일이 아니라, 스스로 길을 만들어 가는 과정이었다.

1. 미친 생각

필 나이트는 원래 대학 시절까지만 해도 육상 선수였다. 하지만 운동선수의 길을 포기하고 스탠퍼드 경영대학원에 들어갔다. 그는 이어 스탠퍼드대학교에서 경영학 석사학위까지 취득했고, 1년간 군 복무도 마쳤다. 그럼에도 불구하고 필 나이트는 스스로를 여전히 경험이 부족한 청년이라고 생각했다.

당시 필 나이트는 한 번도 반항적인 행동을 해 본 적이 없는, 조용하고 순응적인 청년이었다. 마음껏 놀아본 적도, 충동적으로 무언가를 저질러 본 적도 없었다. 그러나 그 시기 그의 마음속에는 또 다른 고민이 자리하고 있었다. 자신이 어떤 사람이며 어떤 사람이 되고 싶은지 명확히 정의할 수는 없었지만, 그럼에도 친구들처럼 '성공'이라는 목표만큼은 분명히 품고 있었다.

하지만 그는 친구들과 달리, '성공'이란 무엇을 뜻하는지조차 알지 못했다. 필 나이트의 한 부분은 본능적으로 돈과 성취를 좇고 있었지만, 마음속 깊은 곳에서는 그보다 더 본질적인 무언가를 갈망하고 있었다. 그는 세상에 자신이 존재했다는 흔적을 남기고 싶었고, 승리를 원했으며, 누군가에게 지는 것을 극도로 싫어했다.

그리고 바로 그때, 그의 인생을 송두리째 바꿔 놓을 '미친 생각'이 떠올랐다.

2. 세상에서 가장 아름답고 신비로운 곳으로 여행을 가다

"필 나이트에게 여행은 자신만의 신념과 도전을 실현하는 여정이었다. 그는 '미친 생각'이라 불린 그 아이디어를 현실로 만들기 위해 일본의 한 신발 회사를 직접 찾아갔다. 동시에 동양과 서양, 그리고 다양한 철학의 깊이를 탐구하고자 했다. 그에게 그 여정은 새로운 사유와 통찰을 열어 주는 매혹적인 세계였으며, 동양의 '도道', 그리스 철학의 '로고스Logos', 힌두교의 '즈냐나Jnana', 불교의 '다르마Dharma' 같은 개념들은 머릿속에만 머무는 추상적 사유가 아니라 삶과 비즈니스의 방향을 잡아 주는 근본적인 통찰이었다.

하지만 그런 큰 꿈을 이루기 위해서는 먼저 아버지의 허락이 필요했다. 필 나이트는 자신의 '미친 생각'을 아버지께 솔직히 털어놓으며 끈질기게 설득했다. 예상과 달리, 아버지는 그의 열정과 진심을 받아들였고, 뜻밖에도 허락을 해 주었다.

그것은 필 나이트가 자신의 길을 걷는 데 있어 큰 힘과 용기가 되어 주었고, 이후 나이키라는 브랜드가 세상에 나올 수 있었던 기반이 되었다. 그의 여정은 결국 '도전과 믿음'이 어떻게 현실을 바꾸는지를 보여 주는 대표적인 사례가 되었다.

3. 도전으로 길을 낸 브랜드, 나이키

나이키는 현재 스포츠가 세상을 변화시키고 사람들에게 영감을 줄 수 있다는 믿음을 보여 주는 브랜드로 자리 잡았다. "당신이 실패하지 않는 유일한 순간은 당신이 마지막으로 시도하는 때다. 끝까지 도전하라."라는 문장에서도 알 수 있듯, 창업자 필 나이트는 도전을 가장 중요한 가치로 여겼다.

그는 적대적인 은행, 치열한 경쟁자, 수많은 의혹과 비난에도 굴하지 않고, 자신이 세운 목표를 향해 끊임없이 도전했다. 이러한 여정을 통해 나이키는 운동화 브랜드를 넘어, 도전과 열정을 통해 꿈을 실현하는 기업의 상징으로 성장했다.

필 나이트의 이야기는 도전하는 일이 결코 쉽지 않더라도, 포기하지 않고 끝까지 노력한다면 새로운 가능성과 성취를 만들어 낼 수 있다는 강력한 메시지를 전한다.
또한 그의 이야기는 도전하는 것이 쉽지 않더라도 포기하지 않고 끝까지 노력하면 새로운 가능성과 성취를 만들어 낼 수 있다는 메시지를 전달한다.

4. 패션이 되다

나이키는 스포츠 문화를 선도하고 새로운 라이프 스타일을 제안하는 글로벌 브랜드로 자리매김했다. 과거에는 운동화가 주로 운동 경기나 체육활동을 위한 기능적 용도로 사용되었지만, 오늘날 나이키의 운동화는 그 이상의 의미를 지닌다.

나이키는 브랜드 고유의 감각적인 디자인과 트렌드를 반영한 제품들을 통해, 운동화를 하나의 패션 아이템으로 재정의했다. 특히 10대와 20대의 젊은 세대에게 나이키는 단순한 신발 브랜드가 아니라, 자신을 표현하는 수단이자 정체성을 드러내는 상징으로 받아들여지고 있다.

SNS 인플루언서들, 스포츠 스타들의 영향력까지 더해져, 나이키의 제품은 전 세계 청소년 문화에 깊숙이 스며들었고, 이는 스트리트 패션의 확산과 스타일의 유행으로까지 이어지고 있다.

이처럼 나이키는 기능성과 감성, 실용성과 스타일을 동시에 갖춘 제품을 통해 패션과 문화 전반에 큰 영향을 미치고 있다.

5. 작은 시도라도 도전해라

"당신의 재능을 그냥 묻어두지 말고, 과감하게 도전하라."

필 나이트는 실패와 좌절이 오히려 실패와 좌절이 오히려 더 큰 성장을 위한 밑거름이 될 수 있다는 걸 자신의 삶으로 보여 주었다. 필 나이트도 여러 차례 어려움을 겪었지만, 그때마다 포기하지 않고 계속해서 도전했다.

그리고 그런 경험들이 그를 더 강하게 만들었고, 결국 지금의 나이키를 있게 했다. 그래서 그는 특히 청소년들에게 작은 일이라도 좋으니 직접 시도해 보라고 말한다. 시작이 작아도 상관없고, 실패해도 괜찮다. 중요한 건 멈추지 않고 계속 시도하는 것이다.

도전하는 과정 속에서 배우는 것이 많고, 그 경험들이 쌓여 결국 더 큰 가능성과 기회로 이어지기 때문이다.

필 나이트의 이야기는 우리 모두에게 실패가 끝이 아니라 새로운 출발이라는 걸 알려 주며, 용기를 내 한 발짝 내딛는 것의 중요성을 다시 한번 생각하게 만든다.

§ 『10대를 위한 슈독』을 읽고 §
나이키, 도전을 따라 걷다

1. 독서 동기

나와 내 주변 친구들 모두 요즘 가장 많이 신고 다니는 신발은 단연 나이키라고 할 수 있다. 나는 나이키 신발의 깔끔한 디자인과 편안한 착용감을 특히 좋아한다. 현재 내가 신고 있는 신발도 나이키이기 때문에 자연스럽게 이 브랜드에 호감이 생겼다. 그러면서 문득 궁금해졌다.

나이키라는 브랜드를 만든 사람은 어떤 도전과 실패를 겪었고, 어떻게 이런 큰 브랜드를 만들 수 있었을까 하는 생각이었다. 그 궁금증 때문에 나는 필 나이트의 이야기를 담은 이 책을 선택하게 되었고, 그의 열정과 끈기, 그리고 도전을 통해 얻은 경험을 배우고 싶었다.

2. 도서 요약(브랜드 여정 요약)

필 나이트는 대학 시절, 일류 선수들의 등을 보며 뒤를 쫓아야 했던 육상 선수였다. 운동선수의 길을 접고 스탠퍼드 경영대학원에 진학했지만, 졸업 후 24살이 되던 해에 남들과는 다른 길을 선택하기로 결심하고 아시아·유럽·아프리카로 배낭여행을 떠났다.

그가 원했던 것은 안정적인 직장이 아니라 자신의 삶을 스스로 개척할 수 있는 새롭고 역동적인 일이었다. 그는 배낭여행 중 일본 신발 브랜드와의 인연을 통해 독점 판매권을 얻었고, 이듬해 부모님의 집 지하실에서 사업을 시작했다. 그러나 시작은 결코 순탄하지 않았다.

아버지의 반대와 자금 부족으로 생계를 위해 다니던 회계사무소의 급여까지 사업 자금으로 써야 했다. 필 나이트는 지금의 나이키가 있기까지 겪어야 했던 수많은 위기, 참담했던 좌절의 순간들, 무자비한 경쟁자들, 적대적이었던 은행, 숱한 의혹과 비난들 그리고 이런 어려움을 극복하고 승리를 거두었을 때와 구사일생의 순간들을 솔직하게 회고한다.

이 책은 나이키 정신을 함께 만들어 간 동료들의 이야기도 소개한다. 그의 은사이자 불같은 성격과 강렬한 카리스마를 지닌 빌 바우어만 코치, 그리고 사회에는 잘 맞지 않았지만 자기 분야에서는 탁월한 재능을 발휘하며 '스우시(나이키Nike 로고)'에 열광했던 창업 초기 직원들까지—필 나이트는 이들과 함께 '스포츠가 세상을 변화시키는 힘을 가지고 있다'는 믿음을 바탕으로 나이키를 세계 최고의 스포츠 브랜드로 성장시켰다.

3. 기억에 남는 문장

"조언을 구하는 것을 두려워하지 말라."

나는 낯을 많이 가리는 성격이라 한계에 부딪혀도 쉽게 도움을 청하지 못하고 혼자 해결하려고만 했다. 그런데 이 문장을 읽고 나니, 앞으로는 조언을 구하는 것을 두려워하지 말아야겠다는 다짐을 하게 되었다.

4. 나에게 준 울림

필 나이트는 신발 사업을 하고 싶다는 열정 하나로, 안정적인 회계사무소 직장까지 그만두었다. 나는 솔직히 하고 싶은 일보다는 돈을 벌기 위한 취업을 먼저 생각해 왔는데, 필 나이트는 이미 직장이 있음에도 불구하고 자신의 꿈을 좇아 나아갔다. 이 부분을 읽으면서 '나도 언젠가는 저런 용기를 가져 보고 싶다'는 마음이 생겼고, 동시에 그의 결단과 열정이 정말 대단하다고 느껴 울컥했다.

5. 추천 대상과 이유

목표가 뚜렷한 사람들에게 이 책을 추천하고 싶다. 그 이유는 필 나이트가 신발 사업을 하고 싶다는 분명한 목표를 가지고 있었고, 이 책에는 그의 성공 이야기뿐만 아니라 실패와 어려움, 그리고 그것을 이겨낸 과정이 담겨 있기 때문이다. 그래서 이 책은 목표가 있는 사람들에게 큰 힘과 용기를 줄 수 있다고 생각한다.

§ 나이키를 탐구하고 §
브랜드 탐구 보고서

1. 기본 정보

브랜드 이름	나이키	브랜드 로고	✔
설립 연도	1964년	설립자	필 나이트 + 빌 바우어만 (공동 창업)
브랜드의 국적 (출신 국가)	미국		
대표 제품/서비스	신발, 의류 등		

2. 브랜드 소개

　나이키Nike는 1964년 필 나이트와 그의 스승인 빌 바우어만이 함께 세운 미국의 스포츠 브랜드로, 처음에는 '블루 리본 스포츠'라는 이름으로 시작했다.

　이후 1971년에 그리스 신화 속 승리의 여신 이름을 따서 지금의 '나이키'라는 브랜드가 탄생했다. 현재 나이키는 전 세계에서 가장 영향력 있는 스포츠 브랜드 중 하나로, 운동화와 의류는 물론 다양한 스포츠 용품을 생산하며 글로벌 시장을 이끌고 있다.

　특히 "Just Do It."이라는 슬로건은 단순한 광고 문구를 넘어, 도전과 열정을 상징하는 메시지로 자리 잡았다. 나이키는 스포츠를 통해 사람들에게 영감과 용기를 주는 문화 브랜드로 성장했다.

3. 브랜드의 철학과 가치

- **브랜드가 추구하는 가치나 철학**
  글로벌한 영향력과 혁신 문화, 팀 중심의 사고방식을 바탕으로, 나이키는 선수, 스포츠, 그리고 전 세계를 위해 지속적인 진보를 이룰 수 있는 미래를 만들기 위해 노력한다.

- **브랜드 슬로건**
  그냥 한번 해봐. "Just Do It."

- **슬로건에 담긴 의미**
  "Just Do It"은 1988년 처음 공개된 이후 나이키를 상징하는 핵심 문구로 자리 잡았다. 이 짧은 한 줄은 단순히 "그냥 해!"라는 직설적인 명령이 아니라, 망설임이나 두려움 없이 행동하라는 메시지를 담고 있다. 나이키는 이를 통해 누구나 자신만의 한계를 뛰어넘고 도전에 나설 수 있다는 믿음을 전달한다.
  비록 나이키가 공식적으로 "망설이지 마라"거나 "두려움을 극복하라"는 식으로 정의한 적은 없지만, 전 세계 소비자와 광고 업계에서는 "Just Do It"을 용기·도전·행동의 상징으로 해석하며, 이는 브랜드 철학과 일관된 의미로 널리 받아들여지고 있다.

4. 브랜드의 역사와 성장 과정

- **1962년, 미친 생각**
  필 나이트는 세계 최고의 러닝화를 만들겠다는 '미친 생각'을 품었다. 그는 일본의 오니쓰카 타이거(지금의 아식스) 신발을 미국에 들여와 팔아보자는 아이디어를 떠올렸다. 안정적인 회계사무소 대신 불확실한 길을 선택한 그의 도전은 나이키의 출발점이 되었다.

- **1964년, 자동차에서 신발을 팔다**
  필 나이트와 그의 코치 빌 바우어만은 '블루 리본 스포츠'라는 이름으로 회사를 세웠다. 초기에는 자동차 트렁크에 신발을 싣고 다니며 선수들에게 직접 판매했다. 이 시기는 자금도 부족하고 불안정했지만, 열정만큼은 누구보다 강렬했다.

- **1968년, 나의 파트너, 파크스 나이트**
  필 나이트는 개인적으로도 중요한 변화를 맞이했다. 그는 결혼을 하면서 가정과 사업을 함께 책임져야 했다. 그 과정에서 더 큰 책임감을 느끼며 회사를 성장시키고자 하는 의지가 더욱 강해졌다.

- **1969년, 사장으로 산다는 것**
  회사가 점점 커지면서 필 나이트는 창업자가 아닌 '사장'으로서의 무게를 짊어지게 되었다. 이 시기는 리더십과 경영자로서의 자질이 시험받는 시기였다.

- **1971년, 부도 위기, 그리고 나이키의 탄생**
  회사는 심각한 자금난으로 부도의 위기를 맞이했다. 그러나 그는 위기를 기회로 삼아 독자적인 브랜드 '나이키'를 출범시켰다. 승리의 여신 이름을 딴 나이키는 훗날 전 세계를 대표하는 스포츠 브랜드로 자리 잡게 된다.

5. 마케팅 전략 분석

- **스토리텔링 중심의 마케팅**

  나이키 마케팅의 가장 강력한 무기는 스토리텔링이다. 제품에 기능과 디자인을 넘는 상징성과 감성적 메시지를 부여한다. 대표적인 사례가 에어 조던 1이다. 조던이 NBA 규정을 어기고 벌금을 내면서 신었다는 전설은 일부 사실이 아니지만, 나이키는 이를 교묘히 활용해 '기성세대에 저항하는 젊음'의 상징으로 포장했다. 이런 식의 서사는 소비자에게 단순 구매가 아닌 정체성과 경험의 소비로 작용한다.

- **셀럽, 브랜드와의 컬래버레이션**

  나이키는 협업 마케팅에서 단연 압도적인 브랜드다. 다양한 셀럽과 브랜드와의 협업을 통해 하나의 문화적 사건을 만들어 낸다. 이러한 컬래버레이션은 소비자가 브랜드의 정체성과 문화에 더욱 깊이 참여하도록 유도하는 역할을 한다. 특히 젊은 세대, 스트리트 문화, 패션 트렌드를 적극적으로 끌어들임으로써 나이키는 브랜드의 감도와 영향력을 지속적으로 갱신하고 있다.

6. 경쟁 브랜드와의 차별점

나이키는 문화와 상징을 창조하는 브랜드로 자리매김했다. 이러한 과정에서 아디다스나 뉴발란스 같은 경쟁 브랜드들과 확연한 차별성을 보여 준다. 특히 마케팅 전략에서의 차이가 브랜드의 위상과 시장 장악력에 큰 영향을 끼친다. 가장 큰 차이점은 제품을 '스토리'로 만드는 능력이다. 나이키는 제품 기능이나 성능을 강조하기보다는, 그 제품에 얽

힌 서사와 감정을 설계한다. 조던 시리즈가 대표적이다. 실제 사실과 다소 거리가 있는 이야기를 마케팅적으로 각색해, 하나의 상징으로 만들어 냈다. 반면, 아디다스는 기능성과 퍼포먼스 중심의 메시지를 주로 전달해 왔으며, 뉴발란스는 제품의 품질과 정통성, 장인 정신을 강조하는 전통적 접근 방식을 고수해 왔다. 이처럼 나이키는 소비자의 감정에 직접 호소하는 브랜딩에 집중한다는 점에서 뚜렷하게 구분된다.

7. 개인적인 생각

책을 읽는 내내, 나이키라는 브랜드를 움직이는 힘이 바로 '열정'과 '도전'이라는 사실을 온전히 느낄 수 있었다. 필 나이트는 안정적인 직장을 포기하고 자신이 하고 싶은 일에 도전하며, 여러 실패 속에서도 나이키를 성장시켰다. 특히 스우시 로고처럼 단순하지만 강렬한 디자인은 강점을 잘 보여 준다. 나는 나이키가 앞으로도 환경 보호와 지속 가능한 미래에 더 많은 관심을 기울이고, 젊은 소비자들과 소통할 수 있는 체험 공간을 더욱 확대해 나가면 좋겠다고 생각했다. 또한 제품을 판매하는 것에 그치지 않고, 소비자가 직접 참여하고 경험할 수 있는 프로그램을 계속 넓혀 간다면 브랜드의 매력과 영향력도 더욱 커질 것이라 느꼈다.

8. 출처

- 나이키 홈페이지(nike.com/kr)
- 시라쓰치 다카시, 《나이키의 위기 돌파 경영 전략》, 현익출판. 252쪽.
- "JUST DO IT."(그냥 한번 해봐), 그게 '나이키 정신'이라고? / ABC뉴스. 2025.10.09.
- 저스트 두 잇, 나이키 / 오피니언뉴스. 2020.05.23.

- 나이키의 성공 공식, 디지털·윤리경영 / CHIEF EXECUTIVE. 2021.02.01.
- 'Just Do It'의 시작은 마이클 조던이 아니었다!⋯ 초심 잃은 나이키에 대한 고찰 / 뉴데일리. 2024.09.13.
- 나이키가 '혁신의 아이콘'? 비밀프로젝트가 던진 충격 / 오마이뉴스. 2023.05.12.
- 필 나이트, 《10대를 위한 슈독》, 사회평론, 283쪽.

15

디즈니

애니메이션의 시작, 새로운 길을 만든 디즈니의 성장 전략

"꿈꾸고, 도전하고, 실행하라."

　디즈니는 꿈과 상상력을 바탕으로 현실의 한계를 넘어 모든 사람들에게 즐거움을 전하는 것을 목표로 하는 기업이다. 때로는 현실의 벽이 너무 높아 보일 때도 있지만, 디즈니는 위기를 기회로 바꾸며 꿈을 현실로 만드는 힘을 보여 왔다. 그 덕분에 오늘날까지도 수많은 사람들이 디즈니를 통해 새로운 꿈을 꾸고, 상상력을 키울 수 있게 되었다.

1. 디즈니의 시작: 벽에 부딪치다

　월트 디즈니는 그림 그리기를 좋아했고 그것을 직업으로 삼고 싶어 했지만, 당시 그의 실력은 그다지 뛰어나지 않았다. 게다가 생계를 이어 가야 하는 현실적인 부담도 있었다.. 게다가 큰마음을 먹고 차린 스튜디오는 단편 애니메이션을 제작하다 파산해 다시 현실의 벽에 부딪친다. 디즈니는 생계를 위해 카메라맨으로 일했지만, 꿈을 포기하지 않았다. 그리고 1923년, 형 로이 디즈니와 함께 할리우드에서 가족의 이름을 딴 회사를 설립했다.

　그런데 당시 애니메이션의 중심지는 뉴욕이었을 뿐 아니라 애니메이션이라는 것은 영화 상영 도중에 잠깐 틀어주는 정도의 입지로 관심을 받지 못했다. 그렇다 보니 상업적 아이템으로 시도하는 사람도 거의 없었고, 발전 가능성을 알고도 위험성에만 집중해 도전하지 않는 이들도 많았다. 하지만 디즈니의 시각은 조금 달랐다. 디즈니는 리스크와 손해 우려에만 집중하는 대신, 그 안에 숨어 있는 가능성과 꿈에 집중했다. 물론 크고 작은 어려움이 있었던 것은 사실이지만, 〈앨리스 코미디〉 시리즈를 시작으로 그 위기들은 오히려 수많은 기회로 바뀌며 성공의 출발을 알렸다.

2. 애니메이션에 조명을 비추다

애니메이션은 20세기 초반부터 여러 나라에서 시도했지만 기술적인 한계가 있었기 때문에 아주 짧은 손그림 몇 장으로 이루어진 클립에 그쳤다. 그런데 월트 디즈니가 1928년 세계 최초로 애니메이션에 소리를 넣은 〈증기선 윌리Steamboat Willie〉를 발표한다. 이 애니메이션은 미키마우스의 첫 등장 작품으로 캐릭터가 노래하고 휘파람을 부는 모습에 많은 관객들이 열광했다. 이후 디즈니는 애니메이션이 흔한 만화나 그림이 아니라, 문화 산업이자 예술로 발전할 수 있는 장르임을 입증하며 성장했다.

그리고 1937년, 디즈니는 '장편 애니메이션은 지루하다'는 편견을 깨고, 최초의 장편 컬러 애니메이션 〈백설공주와 일곱 난쟁이〉를 개봉했다. 초반에는 "백설공주와 일곱 난쟁이는 디즈니의 바보짓"이라며 조롱당했지만 할리우드 장편 영화 흥행 1위를 기록하는 등 큰 성공을 거두고 장편 애니메이션이 영화 산업의 장르로 자리 잡았다. 이후 〈피노키오〉, 〈밤비〉 등의 작품이 연이어 흥행에 성공하면서, 애니메이션이 이야기와 음악, 미술을 종합한 종합 예술로 발전할 수 있음을 증명했다. 이 성공을 시작으로 다른 나라에서도 디즈니의 작품을 표준으로 삼아 장편 애니메이션을 제작하려는 시도가 활발해졌다.

3. 이야기의 위기는 필요한 법

영화나 소설에 위기가 빠지지 않고 나오듯이 디즈니에게도 큰 위기들이 있었다. 1940년대부터 제2차 세계대전으로 인해 디즈니는 미국 정부의 요청을 받아 장편 애니메이션이 아닌 선전용, 교육용으로 사용될 애니메이션을 제작해야만 했다. 그 과정에서 다양한 도전을 하는 것이 아니라 단편 애니메이션만 제작해야했기 때문에 장편 애니메이션이 침체될 뿐만 아니라 전쟁 후에도 스튜디오는 재정적인 어려움에 직면한다. 하지만 영화처럼 위기를 극복하는 계기가 1950년 〈신데렐라〉다. 게다가 현재까지 주목받고 있는 〈이상한 나라의 앨리스〉(1951), 〈피터 팬〉(1953), 〈잠자는 숲속의 공주〉(1959) 등을 제작해 다시 장편 애니메이션의 대표 주자로 자리를 지키게 된다.

또한 '제로그래피 공법'이라는 혁신적인 기술을 도입해 비용을 크게 절감한다. 이는 스케치를 직접 셀에 복사해 대량의 캐릭터를 그리는데 제작비를 크게 줄여 대규모 애니메이션 제작을 가능하게 만들었다. 게다가 굿즈 산업과 1955년 디즈니랜드를 통해 사람들이 디즈니라는 브랜드를 직접 경험하고 '애니메이션 속 세계를 현실에서 경험할 수 있는 공간'을 만들어 점차 성공을 거둔다.

하지만 1966년, 창립자 월트 디즈니가 세상을 떠나 회사의 큰 공백이 생기는 위기가 다시 한번 닥친다. 스튜디오는 리더십의 혼란과 방향성을 잃어 관객들에게 큰 관심을 얻지 못한다. 하지만 새 경영진의 확보와 대대적인 개혁으로 〈인어공주〉, 〈미녀와 야수〉, 〈알라딘〉, 〈라이온

킹〉 등이 흥행을 거둔다. 이 시기를 지나면서 디즈니 애니메이션은 단지 아동들을 대상으로 하는 것이 아닌 다양한 연령대의 사람들이 즐길 수 있는 예술로 자리매김을 했고 테마파크 등으로 더욱 큰 폭으로 확장하는 계기가 되었다.

순조롭게 성장할 것만 같았지만, 2000년대 초반 디즈니는 2D 중심에서 벗어나지 못하며 다시 한 번 침체기를 맞았다. 그러나 픽사와의 협업을 통해 〈토이 스토리〉, 〈니모를 찾아서〉 등이 큰 성공을 거두었고, 이후 픽사를 인수하면서 3D 애니메이션 시대의 선두주자로 자리매김하게 되었다.

4. 집에서도 만날 수 있는 애니메이션 속 세계

스트리밍 플랫폼이 흥행함에 따라 디즈니도 발을 맞추어 2019년에 자체 스트리밍 플랫폼 '디즈니플러스'를 론칭해 디즈니 애니메이션뿐만 아니라 픽사, 마블, 스타워즈 등을 한 번에 즐길 수 있도록 만들었다. 특히 팬데믹 기간 동안 극장이 통제되자 다양한 작품을 '디즈니플러스'에서 공개해 스트리밍 우위를 선점한다. 이후에도 꾸준히 성장하고 있으며, 오늘날 디즈니는 스트리밍 플랫폼까지 아우르는 미디어 강자로 자리하고 있다.

§ 『디즈니만이 하는 것』을 읽고 §
꿈을 현실로 만드는 비법

1. 독서 동기

나에게 디즈니는, 오래된 기억을 깨우는 향수이자 어린 날의 꿈이 머물던 곳이다. 디즈니랜드에 가면 마치 동화 속에 들어간 것처럼 웃을 수 있었고 즐거운 기억만 남아 있다. 이를테면 잃어버린 인형도 잠시 후면 품에 안겨 주고, 꿈에 그리던 공주님도 만나게 해 주었던 기억이 생생하다. 나뿐만 아니라 내 또래라면 누구나 디즈니의 영향을 받지 않을 수 없었을 것이다. 누구나 동화 속 주인공을 꿈꾸고, 귀여운 동물 친구들과 함께 잠드는 순간을 상상했을 테니까. 어린 시절 우리의 꿈이 되어 준 디즈니에 대해 이제는 조금 더 현실적으로 다가갈 수 있는 나이가 되었기에 이 책을 읽고 꿈을 현실로 만드는 기업, 디즈니에 대해 조금 더 가까이 가 볼까 한다.

2. 도서 요약 (브랜드 여정 요약)

『디즈니만이 하는 것』은 디즈니가 왜 독보적인 브랜드인지, CEO 밥 아이거의 경험과 철학을 통해 보여주는 책이다.

밥 아이거는 걱정이 유달리 많았던 어머니와 행복하지 않았던 아버지 밑에서 자랐다. 그 때문인지 걱정을 잘 하지 않았을 뿐 아니라 "무언가를 시도하고 실패하는 것에 대해 두려워하지 않았다." 밥 아이거는 1974년 ABC에서 스태프로 일하며 생각의 폭을 넓히고 '혁신 아니면 죽음이다. 새로운 것과 검증되지 않은 것을 두려워하면 혁신은 없다'는 깨달음을 통해 리더로서의 시야를 넓혔다. 그렇게 오랜 시간 쌓아 온 경험 속에서 밥 아이거는 훌륭한 리더십의 표본이 되었고, '세상이 아무리 막강한 힘을 쥐어 주어도 본질적 자아를 잃지 않는 것, 그것이 리더십의 비결'이라고 말한다.

3. 기억에 남는 내용

이 책의 목차에 제시된 '좋은 일은 잘 키우고, 나쁜 일은 관리하는 10가지 원칙' 가운데서도 특히 공정함과 사려 깊은 태도라는 두 원칙이 가장 깊게 남았다.

"공포스러운 문화보다 조직에 더 해로운 것은 없다."

이 말은 공정성에 대한 문장 중 일부이다. 물론 점점 개선이 되고 있지만 아직도 수직적인 문화는 남아 있다. 밥 아이거의 철학처럼 이로운 조직의 첫 걸음은 수직이 아닌 수평적으로, 웃을 수 있는 문화를 만들어야 한다고 생각한다.

"사려 깊은 태도는 가장 과소평가되는 부분이다."

'사려 깊은 태도'는 많은 조직에서 여전히 중요하게 다뤄지지 않아, 실제로 실천되는 모습을 보기 쉽지 않다. 그러나 그는 "지식과 정보를 수월하게 얻고, 의견을 제시할 때 더욱 신뢰받는다"고 말한다. 이 문장을 곱씹어 보니, 사람을 대할 때든 그들의 결과물을 바라볼 때든 사려 깊은 태도를 드러내는 것이야말로 리더십을 발휘하는 핵심이라는 생각이 들었다.

4. 책이 나에게 준 울림

이 책은 나에게 꿈을 현실로 만들기 위해서는 수많은 어려움이 존재하고, 그 어려움을 극복하기 위해서는 리더십이 필수적이라는 생각을 하게 만들었다. 모든 선택에는 그에 걸맞은 책임이 따르기에 책임을 지고 행동할 수 있는 사람으로 성장하기 위해 밥 아이거의 철학을 잘 염두에 둘 필요가 있겠다고 느꼈다. 특히 커다란 타격을 입는다고 하더라도 안 되는 것은 안 된다고 선을 그을 줄 아는 그의 용기 있고 담대한 태도를 배우고 싶었다. 당장 그 일이 닥치면 불안감에 휩싸여 숨기거나 피하고 싶어지지만 현실을 마주하고 해결해 나갈 수 있다는 자신감과 '기업의 가치는 사람'으로, 나뿐만 아니라 동료를 믿어 주는 태도도 배워 나가야겠다고 생각했다.

5. 추천 대상과 이유

『디즈니만이 하는 것』은 꿈을 현실로 만들기 위해 어떤 태도를 가져야 하고, 어려운 상황 속에서도 어떻게 결정을 내릴 것인지, 그리고 진정한 리더십이란 무엇인지 깊이 있게 보여 주는 책이다. 이러한 이유로 다음과 같은 사람들에게 특히 추천하고 싶다.

첫째, 위기 속에서도 해결책을 찾고자 하는 사람에게.
책에서 밥 아이거는 상하이 디즈니랜드 개장 직전 일주일 동안 겪은 사고와 압박, 정치적 문제를 숨김없이 이야기한다. 디즈니의 성공이 운이나 자본 덕분이 아니라, 예상치 못한 위기 속에서도 문제를 직면하고 해결하려는 태도에서 비롯되었음을 보여 준다. 현실적인 고민을 안고 있는 사람이라면 이 책을 통해 위기를 바라보는 새로운 시각과 용기를 얻을 수 있다.

둘째, 성장과 리더십을 배우고 싶은 사람에게.
밥 아이거는 화려한 출발선에 있던 사람이 아니었다. 방송국의 평범한 스태프로 시작해 실수하고 배우며 점차 리더로 성장해간다. 그는 "성공은 타고나는 것이 아니라 배우고 만들어 가는 과정"임을 자신의 삶으로 증명한다. 그래서 이 책은 리더가 되고 싶은 사람뿐 아니라, 지금 자신의 자리에서 성장하고 싶은 모든 이들에게 큰 울림을 준다.

셋째, 창의적인 콘텐츠나 브랜드에 관심 있는 사람에게.
디즈니는 이야기를 통해 감동을 전하고, 브랜드를 하나의 세계로 확장해 온 기업이다. 픽사, 마블, 스타워즈와 같은 콘텐츠를 어떻게 인수하고 발전시켰는지, 그리고 디즈니만의 세계관을 어떻게 구축했는지를 밥 아이거는 구체적으로 보여 준다. 따라서 예술, 영화, 미디어, 디자인, 콘텐츠 기획 등 창의적인 분야를 꿈꾸는 사람들에게 이 책은 탁월한 영감을 주는 책이 될 것이다.

§ 『디즈니』를 탐구하고 §
브랜드 탐구 보고서

1. 기본 정보

브랜드 이름	월트 디즈니 Walt Disney	브랜드 로고	WALT DISNEY
설립 연도	1923년	설립자	월트 디즈니 로이 디즈니 (공동창업)
브랜드의 국적 (출신 국가)	미국		
대표 제품/서비스	케이블 및 기타 유료 텔레비전 서비스		

2. 브랜드 소개

디즈니는 애니메이션을 만드는 데 그치지 않고, 모든 세대의 마음속에서 꿈과 상상이 추억으로 쌓여 가는 경험을 만들어 내는 기업이다. 또한 테마파크나 굿즈 산업을 통해 현실 속에서 꿈을 체험할 수 있는 공간을 만들었고, 방송 및 OTT 서비스까지 진출해 다양한 분야에서 선두를 달리고 있는 기업이다.

3. 브랜드의 철학과 가치

지구상에서 가장 행복한 곳."The Happiest Place on Earth."

이 슬로건은 디즈니랜드 개장 당시 사용된 슬로건으로, 디즈니의 핵심인 행복, 꿈, 상상력, 감동이 담겨 있다. 디즈니는 "만약"이라는 질문에서 출발해 현실의 벽을 잠시 뛰어넘어 상상의 힘으로 꿈과 같은 행복한 공간을 체험하게 해 주는 것을 목표로 한다. 또한 디즈니는 스토리텔링을 통해 모든 세대가 감정을 공유하고 감동을 경험하며, 마음속에 오래 남는 추억을 만들 수 있도록 돕는다. 나아가 이야기 속에 삶에 대한 긍정적인 메시지를 전하고자 끊임없이 노력한다. 게다가 디즈니는 한 장면, 조명물 하나에도 섬세함을 담아 꿈을 현실처럼 구현하기 위해 최선을 다한다. 이러한 노력이 고객들로 하여금 매 순간 최상의 경험을 느끼게 하는 기반이 된다. 또한 언제나 해피 엔딩을 지향하며, 어려움 속에서도 희망을 잃지 않고 앞으로 나아갈 수 있는 용기와 위로를 전한다.

4. 브랜드의 역사와 성장 과정

디즈니는 1923년 월트 디즈니와 로이 디즈니가 설립한 '디즈니 브라더스 스튜디오'에서 출발했다. 초기에는 단편 애니메이션을 만들며 기반을 다졌다. 그리고 1928년 〈Steamboat Willie〉를 통해 미키 마우스를 처음 선보이며, 세계 최초의 유성(소리가 들어간) 애니메이션을 성공적으로 제작했다. 1932년 〈Flowers and Trees〉에서 컬러 기술을, 1937년 〈백설공주와 일곱 난쟁이〉에서 장편 애니메이션 형식을 확립하며 애니메이션 산업의 선구자로 자리 잡았다.

이후 〈피노키오〉, 〈덤보〉, 〈밤비〉 등으로 예술적 완성도를 높이고, 다큐 시리즈 'True-Life Adventures'로 영역을 확장했다. 1954년 TV 진출과 함께 1955년 디즈니랜드를 개장해 '상상의 세계를 현실에서 체험하는' 새로운 비즈니스 모델을 구축했다. 테마파크는 이후 미국, 일본, 프랑스, 홍콩, 중국으로 확산되며 글로벌 네트워크로 성장했다.

월트 디즈니가 세상을 떠난 뒤 회사는 정체기를 맞았지만, 1984년 경영 쇄신을 계기로 터치스톤 라벨을 출시해 관객층을 성인으로까지 확장했다. 이후 〈인어공주〉, 〈미녀와 야수〉, 〈알라딘〉, 〈라이온 킹〉으로 이어지는 작품들을 통해 이른바 '디즈니 르네상스'를 이끌었다. 그리고 1996년에는 ABC와 ESPN을 인수해 제작-방송-광고를 잇는 거대한 미디어 제국을 완성했다. 2000년대에 들어 디즈니는 픽사(2006), 마블(2009), 루카스필름(2012), 21세기 폭스(2019)를 차례로 인수하며 IP 포트폴리오를 강화하고 글로벌 엔터테인먼트 기업으로 도약했다. 이렇게 확보한 마블, 스타워즈, 픽사, 심슨 등 다양한 세계관을 테마파크와 상품, 이벤트로 확장해 360도 브랜드 생태계를 구축했다.

2019년에는 디즈니플러스(Disney+)를 출시하며 스트리밍 시대에 본격 대응했다. 디즈니·픽사·마블·스타워즈 등 주요 콘텐츠를 통합한 플랫폼을 통해 직접배급(DTC) 구조를 확립하고, 데이터를 기반으로 한 시청자 경험을 강화했다.

2025년 현재, 디즈니는 콘텐츠와 체험 플랫폼을 지속적으로 혁신하며 글로벌 브랜드 경쟁력을 유지하고 있다.

세계 각지의 디즈니 테마파크에서는 어트랙션 리노베이션과 퍼레이드, 신규 테마 구역 개장을 통해 방문객의 경험을 끊임없이 새롭게 만들고 있다. 또한 디즈니플러스는 오리지널 시리즈와 신규 콘텐츠를 지속적으로 확대하며 글로벌 시장에서 꾸준한 영향력을 이어가고 있다.

이처럼 디즈니의 100년은 기술 혁신과 스토리텔링, 그리고 브랜드 경험의 확장을 통해 '상상력을 현실로 바꾼 기업'의 역사를 써 내려온 여정이라 할 수 있다.

5. 마케팅 전략 분석

디즈니는 이야기와 캐릭터를 중심에 두고, 이들을 다양한 산업 영역과 연결해 하나의 통합된 경험으로 확장한다. 단순히 영화를 제작하는 것이 아니라, 이야기를 사람들의 일상 속에서 '직접 체험할 수 있는 세계'로 만드는 것이 핵심이다.

- **멀티 플랫폼 통합 전략**

  디즈니는 영화가 성공하면 애니메이션, 테마파크, 뮤지컬, 인형, 의류 등으로 자연스럽게 확장한다. 이는 콘텐츠 하나를 다양한 플랫폼에 연결해 관객이 스크린을 넘어 현실에서 이야기를 느끼도록 만드는 방식이다. 다시 말해, 캐릭터를 물건처럼 소비하는 차원을 넘어서, 관객이 그 세계관 속에 들어가 실제로 '살아보는 듯한 경험'을 제공하는 것이다.

- **시리즈화 전략(IP 자산의 체계적 관리)**

  백설공주 이후 다양한 공주 캐릭터 영화가 성공하자, 디즈니는 이를 '프린세스 시리즈'로 묶어 브랜드화했다. 이 전략은 각각의 캐릭터를 독립적인 콘텐츠로 두는 것이 아니라, 하나의 세계관과 상품군으로 묶어 지속적인 소비가 가능하도록 만든 것이다. 공주 드레스, 완구, 책, 게임 등으로 장기적인 수익 창출이 가능해졌다.

- **스토리 기반 감성 마케팅**

  디즈니는 모든 콘텐츠의 중심에 '감동적인 이야기'를 둔다. 캐릭터의 성장, 희생, 사랑, 꿈과 같은 보편적인 감정을 자극해 관객이 공감하고 기억하도록 만든다. 이러한 감정은 팬덤을 형성하게 만들고, '디즈니의 세계에 속하고 싶다.'라는 마음으로 이어진다.

- **디지털·데이터 기반 직접 연결DTC 전략**
  디즈니는 디즈니플러스와 같은 자체 플랫폼을 통해 소비자와 직접 소통한다. 이 플랫폼에서는 시청 기록과 선호도 데이터를 수집해 개인에게 맞는 콘텐츠를 추천한다. 이처럼 디즈니는 콘텐츠 제공을 넘어 고객 취향에 기반한 '개인 맞춤형 서비스'를 제공함으로써 장기적인 구독을 유도하고 있다.

- **체험형 마케팅(오감으로 느끼는 브랜드)**
  디즈니랜드와 월트 디즈니 월드는 캐릭터와 이야기 속 공간을 실제로 구현해 관객이 마치 그 세계에 들어온 듯한 경험을 할 수 있는 장소다. 관객은 영화 속 공주나 히어로를 실제로 만나고, 이야기의 한 장면에 직접 참여하는 듯한 몰입감을 느낀다. 이는 디즈니가 엔터테인먼트를 넘어 추억과 감정을 판매하는 브랜드임을 보여 준다.

- **글로벌 문화 현지화 전략**
  전 세계 사람들이 자연스럽게 디즈니 콘텐츠를 받아들일 수 있도록 각국의 문화에 맞게 언어, 음악, 성우, 마케팅 방식을 조정한다. 예를 들어, 한국 시장에서는 K-팝 아티스트와 협업하거나 현지 배우가 더빙에 참여해 국내 팬들과 심리적 거리를 좁힌다. 이를 통해 글로벌 브랜드이자 '각 나라의 문화와 소통하는 브랜드'로 자리 잡는다.

6. 경쟁 브랜드와의 차별점

 현재 전 세계에는 수많은 애니메이션 엔터테인먼트가 있지만 디즈니는 독보적인 위치를 굳게 지키고 있다. 이는 디즈니가 브랜드 정체성을 계속 유지하면서 기술과 디즈니만의 감성을 조금씩 도입했기 때문이다.

 또한 디즈니플러스의 차별점은 다른 OTT와 비교했을 때 더욱 뚜렷해진다. 대부분의 OTT가 여러 제작사의 콘텐츠를 모아 제공하는 데 초점을 두는 반면, 디즈니플러스는 자체 제작한 독점 콘텐츠를 통해 고유한 세계관과 높은 품질을 유지한다는 점에서 확실한 차이를 드러낸다.

7. 개인적인 생각

 디즈니는 과거부터 지금까지 디즈니만의 분위기와 감성으로 꿈과 감동을 주었다. 이를 지속할 수 있었던 이유에는 리더들의 확고한 철학과 리더십, 그리고 대중을 상품이 아닌 '사람'으로 대하며 그들에게 이야기를 건네 온 태도가 크게 작용했다고 본다. 그러나 최근 작품들 중 일부는 관객의 예상과 다른 표현 방식으로 인해, 디즈니 특유의 감성에 몰입하기 어려운 부분도 있었다. 시대에 발맞춰 변화하는 것은 물론 필요하고 긍정적으로 볼 만한 일이지만, 앞으로의 디즈니가 사람들의 꿈을 지키는 브랜드로 남기 위해서는 관객과 더 적극적으로 소통하며 그들의 목소리에 더욱 귀 기울이고 이를 진정성 있게 반영해 주길 바란다.

8. 출처

- 월트 디즈니 홈페이지(disney.co.kr)
- 월트 디즈니 컴퍼니 홈페이지(thewaltdisneycompany.com)
- "Why Disney Is The Real Thing For Brands" / Forbes. 2024.11.27.
- "Seven ways Disney changed the entertainment business" / LA Times. 2023.10.16.
- 디즈니의 성공비결은 `Relevance` / 매일경제. 2011.10.21.
- 문화로 세계 지배하는 디즈니 마법의 '정수'를 엿보다 / 시사저널. 2022.02.06.
- '동화의 세계화' 디즈니…'흑인 인어공주' 승부수 / 한겨레. 2023.05.27.
- '콘텐츠왕국' 디즈니, 'PC 선도자' MS… 기업 역사가 곧 브랜드 / 동아일보. 2024.09.11.
- 로버트 아이거, 《디즈니만 하는 것》, 쌤앤파커스, 416쪽.

16

다이소

기본에 충실하고 본질에 집중한다, 박정부의 본질 경영

"천 원을 경영하라."

㈜아성다이소를 창립한 박정부 회장의 경영 이념을 명확하게 이해할 수 있는 단 한 문장이다. 기본 중에 기본부터 시작해야 단단한 성공을 이룬다는 박정부 회장의 신념은 곧 우리의 도전들에도 큰 가르침을 준다. 장사의 본질에 집중해 오직 고객만을 바라보며 진화하는 브랜드, 우리의 일상을 함께하는 아성다이소다.

1. 국민 파트너 브랜드의 시작

박정부 회장은 1980년대 직장에서 근면성실하게 일을 하던 평범한 그 시대의 직장인이었다. 안정적일 것만 같았던 직장은 곧 노조 결성과 투쟁으로 인해 총 책임자였던 저자는 결국 퇴직하게 된다.

한평생을 바쳐 열심히 일을 해 온 그는 한순간에 가족들을 부양해야 한다는 부담과 함께 큰 무력감을 겪는다. 하지만 이내 곧 동생과 국내 대기업을 상대로 한 해외연수 사업에 뛰어든다. 이것이 아성다이소의 모태인 '한일 맨파워'이다. 박정부 회장은 그 당시 최전성기를 구가하고 있었던 일본을 타깃으로 잡는다. 일본은 반도체 강국이었던 반면, 경공업 기반이 매우 약했던 점을 간파한 저자는 오랜 꿈이었던 '무역상'을 실현하게 된다.

2. 실패를 교훈으로, 기본으로부터 성공하라

사업을 이어 나가던 중, 드디어 첫 계약이 성사되었다. 하지만 이 계약은 가장 큰 실패를 안겨 주면서 동시에 다이소의 설립 이념, 경영 신념을 세워준다. 첫 계약에서 한일 맨파워는 기본적인 상품 제작 과정에서 아주 사소한 실수를 하며 전량 폐기라는 큰 실패를 한다.

이때가 바로 그가 큰 깨달음을 얻은 순간이다. '철저하지 않으면 안 된다. 작은 것 하나에도 소홀히 한다면 결정타가 된다.' 첫 거래를 통해 얻은 교훈으로 박정부 회장은 꼼꼼함을 살려 점차 거래처를 늘려간다. 이에 그는 또 다른 도전을 위해 꿈을 꾸는데, 바로 '우리나라 최초의 균일가 숍 운영'이다.

그는 이를 바로 실행에 옮겼고, 1992년, 아성산업亞成産業을 설립한다. 그 후 5년 뒤 1997년, 박정부 회장의 끊임없는 노력 끝에 대한민국 최초의 균일가 숍 설립에 성공한다.

3. 도전에 도전, 그리고 결국 다이소

아성다이소 창업 후에는 더욱 더 많은 도전이 박정부 회장을 기다리고 있었다. 설립 당시 우리나라의 소비문화는 고도의 경제 성장 덕분에 값싼 생활용품이 비집고 들어갈 틈이 없었으며, 소비자들의 기대도 바닥이었다. 값이 싸다면 싸구려라는 인식이 대부분이었다.

하지만 박정부 회장은 이러한 사회 분위기 속에서 균일가 숍을 이어 나가기 위해 포기하지 않고, 균일가 숍을 통해 사회 소비패턴을 변화시키는 도전을 한다. 미국에서는 '유통 구조와 상품개발 과정'을, 스페인에서는 '저가상품의 소비패턴과 다양한 샘플 제품'을, 중국에서는 값싼 상품들의 생산 라인에 대한 정보를 얻으며 장사의 눈을 넓혀나갔다. 또한 주거래처였던 일본 버블 경제 상황을 기회로 이용한 다이소 산교를 벤치마킹해 IMF시기에 큰 성장을 이루었다.

다이소는 '가성비' 소비문화를 새롭게 형성시켜 소비자들의 구매 패턴을 변화시켰다. 여기서 멈추지 않고, 전국적인 매장 확대로 고용 창출에 큰 기여를 하며 우리나라의 경제위기 극복에도 도움을 주었다.

결국 저자는 치밀한 목표의식과 굳건한 신념을 통해 또 하나의 도전을 해낸 것이다.

4. 기본기와 충실함의 결과

그 이후 박정부 회장의 도전은 멈추지 않았다. 직접 발로 뛰고 진심으로 소비자들의 입장에 서서 생각하며 아성다이소는 한국에서 엄청난 영향력을 가진 균일가 숍이 되었다.

현재 다이소는 그저 값싼 물건을 파는 마트가 아니다. 다이소는 모든 세대를 아우르는 우리의 생활 파트너, 즉 동반자로 진화해 왔다. 다이소가 이러한 성장을 이룬 것은 모두 한 신념에서 시작했다는 사실을 잊지 않아야 한다. "기본 업에 충실할 것." 이익을 남기기 위해 가격을 설정해 단가를 맞추는 것이 아니다. 상품은 언제나 가격 이상의 가치를 해야 한다.

다이소는 일반적인 마케팅 전략에 의존하기보다는 특정 타깃을 정하지 않고, 모든 세대가 이용할 수 있는 브랜드로 자리 잡아 왔다. 이것이 다이소가 지금까지 구축해 온 브랜드의 본모습이다.

5. 천 원으로 배우는 경영의 철학

"천 원을 경영하라."

박정부 회장의 이 한마디는 숫자 이상의 의미를 담고 있다. 그것은 거대한 자본 없이도, 한정된 자원 속에서 최선의 결과를 만들어 내는 기본의 힘을 말한다. 다이소는 이 철학으로 수많은 상품을 만들고, 전국 어디서나 찾을 수 있는 브랜드로 성장했다. 여기에는 화려한 기술도, 눈부신 마케팅도 없었다.

오직 기본에 충실하라는 원칙이 있었을 뿐이다. 청소년인 나에게도, 또는 우리에게도 이 철학은 그대로 적용된다. 공부든 취미든, 또는 사람과의 관계든 결국 중요한 건 한 번에 완벽을 이루는 것이 아니라 작은 단위에서 꾸준히 완성도를 쌓아 가는 습관이다.
그렇다면 우리는 스스로에게 이렇게 물어야 한다.

"나는 지금, 내 하루를 충실하게 경영하고 있는가?"

§『천 원을 경영하라』를 읽고 §
천 원 속에 담긴 성공의 철학

1. 독서 동기

내가 이 책을 선택하게 된 이유는 간단명료하다. 첫 시작은 단순히 제목에 대한 호기심이었다. "천 원을 경영하라? 도대체 어떻게?"

책 내용을 눈대중으로 훑어보며 이 호기심은 사람들의 생활 속에 녹아들어 있는 '다이소'라는 브랜드에 대한 궁금증으로 자리 잡았다. 다이소만의 경영방식과 브랜드 철학, 신념들이 알고 싶어 이 책을 읽기 시작했다.

2. 도서 요약 (브랜드 여정 요약)

『천 원을 경영하라』는 다이소를 창립한 박정부 회장의 성장기라고도 할 수 있다. 다이소만의 브랜드 슬로건은 시대를 지나며 트렌드에 맞추어 니즈를 정확히 맞추면서도, 다이소라는 브랜드의 본질과 초심을 잃지 않는다.

그 이유는 바로 박정부 회장은 창립 준비 과정에서부터 자신만의 올곧은 신념이 있었기 때문이다. 이 단단한 신념 하나로 그는 여러 도전들을 자신 있게 할 수 있었고, 그렇게 끝없는 도전에 도전한다.

끝끝내 저자의 이러한 도전은 소비자들을 매료시켰다. 이렇게 자신의 브랜드를 탄탄하게 경영할 수 있었던 그만의 철학이자 신념은, "기본에 충실한다."라는 간단한 한 문장이다. 그는 이 책에서 소비자들에게 판매하는 상품은 다독하는 것이 아니라, 정독하는 것이라고 언급했다.

저자의 이 말 속에서도 그가 고객들을 만족시킬 수 있는 상품을 제공하기 위해 얼마나 섬세하게 경영해 나가는지 알 수 있다.
박정부 회장은 다이소라는 브랜드는, 값싼 상품이 아니라, 값 이상의 질을 가진 상품을 판매하는 브랜드라고 강조한다.
이를 위해 비록 천 원이라는 돈으로 구매할 수 있는 상품들이지만, 고객의 믿음을 저버리지 않기 위해 한 상품 한 상품 세세히 뜯어보는 노력을 들인다.

"천 원을 위해 천억을 투자한다."

비록 천 원의 값이더라도 진정한 브랜드는 고객들의 만족을 얻어낼 수 있는 최상의, 최선의 품질을 끌어내기 위해 그 이상의, 소위 말해 천억의 노력을 들인다.

3. 기억에 남는 문장

"우리는 매장이 광고다. 오직 가격과 상품이라는 균일가업의 본질로 승부하는 것, 이것이 우리의 광고다."

이 문장이 가장 인상 깊었다. 이 단 한 문장으로 내가 알고 있었던 마케팅에 대한 시야가 너무 고정적이고 틀에 박혀 있었다는 생각이 들었다. 결국, 최고의 마케팅은 유명 연예인의 협찬이나 휘황찬란한 광고 영상이 아니라 장사의 본질인, '양질의 상품'이라는 사실이 크게 와닿았다.

저자의 이 문장은 책 전체를 통틀어 독자들에게 설명했던 아성다이소만의 본질 경영이 무엇인지 단번에 이해시켰다. 오직 가격과 상품이라는 본질로 승부하는 것이 저자가 생각하는 최고의 광고인 것이다.

이런 박정부 회장의 군건한 경영 이념이 지금의 다이소를 만들 수 있었다.
박정부 회장의 초심이자 신념 그 자체인 브랜드, 다이소는 진실하게 고객을 위해, 항상 고객만을 바라보며 진화한다는 점이 참된 브랜드의 마음가짐 같아 인상 깊었다.

4. 나에게 준 울림

언제나 새롭게 무언가를 도전하고 시작한다는 것은 매우 두려운 일이다. 보장되어 있지 않은 미래에 막막하고, 불안한 것이다. 하지만, 언제나 앞으로 나아갈 수 있게 하는 것은 곧 신념이다.
저자에게는 창업이 큰 도전이었고, 자신의 도전을 통해 미래를 개척해 나갔다. 장사의 본질에 집중하라. 이 책이 나에게 준 큰 울림이자 교훈은 이것이었다. "장사와 같이, 혹은 무엇이든지 기본에 충실해야 단단한 성공을 이룬다."
나는 이를 통해서 살아가면서 내가 도전해 나갈 모든 일들에 이 교훈을 적용시킬 수 있을 것이라고 생각했다.

5. 추천 대상과 이유

이 책은 아성다이소의 창업과 성장 과정을 다루었지만, 독자들에게 그 이상의 것들을 깨닫게 해 준다. 결국 삶을 살아가면서 다양한 어려움과 도전에 맞설 때 큰 도움이 될 수 있는 것이다. 특히, 청소년인 내게도 짧고 굵게 미래를 살아가는 데에 가르침을 주었다. 나와 같이 미래의 불확실함에, 도전의 두려움에 불안해하는 청소년들이나 사회 초년생들, 또는 도전하고 싶은 일이 망설여지는 모든 사람에게 이 책이 큰 도움이 될 것이라고 확신한다.

§ 다이소를 탐구하고 §
브랜드 탐구 보고서

1. 기본 정보

브랜드 이름	㈜아성다이소	브랜드 로고	다이소
설립 연도	1997년	설립자	박정부
브랜드의 국적 (출신 국가)	대한민국		
대표 제품/서비스	생필품, 취미 활동 용품, 다양하고 넓은 분야의 상품들		

2. 브랜드 소개

아성다이소는 1997년 설립된 생활용품 전문 리테일 기업으로, '균일가 생활용품점'이라는 새로운 유통 모델을 국내에 정착시킨 브랜드다. 일본 다이소산업과 기술 제휴를 맺고 출범했으며, 현재는 ㈜아성HMP가 다이소코리아를 운영하고 있다.

'좋은 상품을 합리적인 가격에 제공한다'는 철학을 기반으로, 1000원부터 시작되는 균일가 전략을 통해 소비자에게 실속 있는 쇼핑 경험을 제공해 왔다. 현재는 전국에 1400여 개 매장을 운영하며, 가성비 생활용품의 대명사로 자리매김했다.

매장 내에서는 주방·욕실·인테리어·문구·패션소품 등 일상생활 전반에 걸친 3만여 종 이상의 상품을 판매하며, '생활의 모든 것'을 아우르는 원스톱 쇼핑 공간으로 발전했다. 트렌드를 반영한 시즌 상품, 자체 개발PB 상품, 캐릭터·브랜드 협업 상품 등을 통해 합리적인 가격 이상의 재미와 가치를 제공하고 있다.

온라인 쇼핑 환경에도 대응해, 다이소몰 및 공식 앱을 운영하며 오프라인 매장과의 옴니채널 서비스를 확장 중이다. 특히 '다꾸(다이어리꾸미기)', '홈데코', '캠핑용품' 등 트렌드 키워드에 맞춘 상품 큐레이션을 강화해 MZ세대 고객과의 접점을 넓혀가고 있다.

아성다이소는 생활 속 작은 만족과 즐거움을 제공하는 브랜드로 성장했으며, 앞으로도 합리적 소비문화를 선도해 나가는 것을 목표로 하고 있다.

3. 브랜드의 철학과 가치

- 브랜드가 추구하는 가치나 철학:
  '합리적인 가격으로 생활의 즐거움과 편리함을 제공한다'는 철학을 바탕으로, 누구나 부담 없이 생활의 질을 높일 수 있도록 돕는 것을 목표로 하고 있다.

- 브랜드 슬로건
  "언제나 당신 곁의 다이소"

- **슬로건에 담긴 의미**

    일상에서 필요한 물건을 가장 가까운 곳에서, 합리적인 가격으로 제공함으로써 소비자의 삶 속에 늘 함께하는 브랜드가 되겠다는 의미를 담고 있다.

4. 브랜드의 역사와 성장 과정

아성다이소는 '1000원 균일가'라는 파격적인 가격 정책으로 출발했다. IMF 외환위기 직후인 1997년, 경제적 부담이 큰 소비자에게 실속 있는 생활용품을 제공하며 폭발적인 반응을 얻었다. '싼 가격 = 낮은 품질'이라는 기존 인식을 깨고, 합리적이면서도 디자인과 기능성을 갖춘 제품을 공급하면서 대중적 신뢰를 확보했다.

2000년대 들어서는 전국적으로 매장을 빠르게 확장하며 대형 유통기업 못지않은 유통망을 구축했다. 이 과정에서 단순 수입품 판매에서 벗어나 자체 상품 개발 역량을 강화해, '다이소 = 저가형 생활용품'이라는 이미지를 넘어 트렌드를 반영한 상품을 제공하게 되었다.

2010년대 이후 다이소는 '가성비와 재미가 있는 쇼핑 공간'으로 자리 잡았다. 소비자의 니즈와 트렌드를 빠르게 반영한 시즌·이벤트 상품(예: 크리스마스, 할로윈, 벚꽃 시리즈)은 큰 인기를 얻으며 다이소만의 차별화된 매력으로 자리했다.

최근에는 디지털 전환에도 대응해 온라인 플랫폼을 강화하고, 친환경 상품 라인업을 확대하며 ESG 경영을 실천하고 있다. 또한 장애인 고용 확대, 기부 캠페인 등 사회적 책임 활동을 이어 가며 '국민 생활용품점'을 넘어 사회적 가치를 실현하는 기업으로 발전 중이다.

5. 마케팅 전략 분석

- **균일가와 가성비를 내세운 가격 전략**

  다이소의 가장 큰 마케팅 전략은 '균일가 정책'이다. 가격의 예측 가능성과 합리성은 소비자에게 심리적 안정감을 주며, '저렴하지만 쓸 만하다'는 신뢰를 형성한다. 이는 소비자가 매장을 찾게 하는 가장 큰 동력이다.

- **트렌드 반영형 시즌 마케팅**

  다이소는 시즌별 이벤트 상품(크리스마스, 할로윈, 벚꽃, 여름 휴가용품 등)을 빠르게 기획·출시해 소비자들의 충동구매를 유도한다. SNS를 통해 자연스럽게 확산되는 인증샷 문화는 시즌 한정 상품의 인기를 더욱 높인다.

- **SNS 바이럴 마케팅**

  다이소는 인스타그램, 틱톡, 유튜브 등에서 '다이소템', '다이소 추천템'이라는 해시태그로 자발적인 소비자 리뷰가 확산되도록 한다. 또한 공식 계정을 통해 신상품 소개, 사용법, 트렌드 콘텐츠를 발행해 젊은 층과의 소통을 강화한다.

- **PB 상품과 캐릭터 협업을 통한 차별화**

  아성다이소는 자체 개발 상품을 확대하며, 단순 수입형 저가 제품 이미지를 넘어 품질 경쟁력을 갖춘 브랜드로 성장했다. 또한 무민, 카카오프렌즈, 산리오 등 인기 캐릭터와 협업한 굿즈를 출시해

MZ세대 고객의 소장 욕구를 자극한다.

- **사회 공헌 및 ESG 활동**
  다이소는 '다이소 행복박스 나눔 캠페인', 친환경 소재 활용 제품 확대, 장애인 고용 확대 등 사회 공헌 활동을 전개하며 긍정적 브랜드 이미지를 형성하고 있다. 이를 통해 저가 브랜드의 이미지를 넘어 사회적 책임을 실천하는 기업으로 자리매김하고 있다.

6. 경쟁 브랜드와의 차별점

다이소는 올리브영, 대형마트, 온라인 쇼핑몰 등과 경쟁하지만, '균일가 생활용품 전문점'이라는 독자적 위치로 뚜렷한 차별화를 이루고 있다.

- **균일가 정책의 독창성**
  다른 생활용품점들이 품목별로 가격대를 다양화하는 것과 달리, 다이소는 균일가 정책으로 단순하고 직관적인 쇼핑 경험을 제공한다. 이는 가격 경쟁력에서 압도적인 차별점을 만든다.

- **매장 내 몰입형 쇼핑 경험**
  대형 매장 안에서 수천 가지 상품을 직접 체험·발견할 수 있다는 점에서, 일반적인 온라인 쇼핑과는 다른 재미를 제공한다. 소비자들은 '구경하다 보면 예상보다 많이 사게 되는 공간'으로 다이소를 인식한다.

- **트렌드·시즌 상품 기획력**
  다이소는 생활필수품뿐 아니라, 계절·트렌드에 맞춘 재미있는 상품을 제공해 소비자에게 '찾는 재미, 모으는 재미'를 부여한다. 이는 대형마트나 온라인몰과 차별화된 강점이다.

- **대중적 접근성과 브랜드 신뢰도**

이를 통해 저가 브랜드의 이미지를 넘어 사회적 책임을 실천하는 기업으로 자리매김하고 있다. 이는 경쟁사 대비 소비자의 충성도를 강화하고, 고정적인 소비자층을 확보한다.

7. 개인적인 생각

다이소는 일상 속 작은 즐거움을 선물하는 브랜드라고 생각한다. 매장에 들어서면 예상치 못한 상품을 발견하는 '득템의 재미'를 느낄 수 있어 늘 흥미롭다. 앞으로도 다이소가 친환경 상품이나 한국적 감성을 담은 굿즈 등 새로운 시도를 이어간다면, 생활용품점을 넘어 글로벌 라이프 스타일 브랜드로 성장할 수 있을 것이다.

다만, 환경 문제에 한층 더 적극적인 관심을 가져주었으면 한다. 다이소가 이미 환경 친화적인 제품 개발에 힘쓰고 있는 것은 알고 있지만, '저렴하니 자주 산다'는 소비 습관이 자칫 쓰레기 증가로 이어질 수 있다는 점이 걱정된다. 이를 줄이기 위해 친환경 소재나 재활용 가능한 제품을 확대하고, 플라스틱 사용을 최소화하는 노력이 필요하다고 본다. 특히 샴푸나 세제 같은 액체류를 다시 채워 사용할 수 있는 리필 코너를 도입한다면 환경 보호에 실질적인 도움이 될 것이다.

또한, 청소년을 위한 맞춤형 제품이 더 다양해지면 좋겠다. 수능 시즌의 학용품 세트처럼 일시적인 상품뿐 아니라, 학교생활 속에서 실용적으로 사용할 수 있는 급식 필수템이나 간식 묶음 세트 같은 기획 상품이 있다면 학생들의 일상에 더 큰 즐거움을 줄 수 있을 것이다.

8. 출처

- 아성다이소 홈페이지(daiso.co.kr)
- '균일가 신화' 일군 박정부 다이소 회장…생활용품 왕국 세운 현장형 경영인 / 뉴스핌. 2025.09.03.
- 가성비 왕 '다이소' 매출 4조 예측…성공 비결은? / 테넌트 뉴스. 2025.03.06.
- "생활용품 넘어 뷰티·건기식까지"… 다이소, 초저가 전략으로 영토확장 / 프라임경제. 2025.02.24.
- 국민가게 '다이소 신화'…합리적 소비문화 실현 / 매일경제. 2025.08.19.
- 1천원의 '매출 3조' 신화, 다이소의 성공 공식은? / 문화뉴스. 2023.11.28.
- 박정부 아성다이소 회장의 '천원 신화'는 현재 진행형 / 폴리뉴스. 2025.01.08.
- 박정부, 《천 원을 경영하라》, 쌤앤파커스, 280쪽.

《 에필로그 》

브랜드를 읽는다는 것,
세상을 읽는다는 것

    이 책은 브랜드를 통해 세상을 이해하려는 10대들의 치열한 탐구 기록입니다. 처음엔 익숙한 이름, 자주 사용하는 앱, 좋아하는 제품에서 출발했지만, 그 안에는 마케팅 전략, 창업자의 철학, 소비자의 감정, 그리고 시대의 흐름까지 복잡하게 얽혀 있다는 사실을 알아갔습니다.

    학생들은 브랜드 정보를 단편적으로 나열하는 데서 벗어나, 그 안에 담긴 가치를 읽어내려 노력했습니다. 때로는 감탄하고, 때로는 의문을 품으며, 브랜드를 하나의 '이야기'로 바라보는 눈을 길렀습니다. 이 과정을 통해 우리는 좋은 브랜드란 단지 제품이 잘 팔리는 것이 아니라, 사람들의 마음에 오래 남는 '관계'를 만든다는 사실을 배웠습니다.

    브랜드를 읽는 일은, 결국 세상을 읽는 일이었습니다. 소비자의 마음이 어디로 움직이는지, 어떤 가치가 시대를 이끄는지를 바라보는 훈련이었습니다. 그리고 동시에, 자신만의 브랜드를 어떻게 만들어 가고 싶은지에 대한 내면의 질문을 던지는 일이기도 했습니다.

이 책을 덮는 지금, 한 권의 책이 끝났다고 생각하지 않았으면 합니다. 오히려 이제 막 여러분 각자의 브랜드 이야기가 시작되었을지도 모릅니다. 언젠가 누군가의 마음에 오래 남을 브랜드를 만들게 될 그날을 상상하며, 여기서 우리가 시작한 작은 탐독이, 더 크고 멋진 이야기로 자라나길 바랍니다.

브랜드는 삶을 닮습니다.
그리고 우리 모두는,
자신만의 브랜드가 될 수 있습니다.